Steffi Baltes

DIE SCHÖPFUNG JUBELT DIR ZU

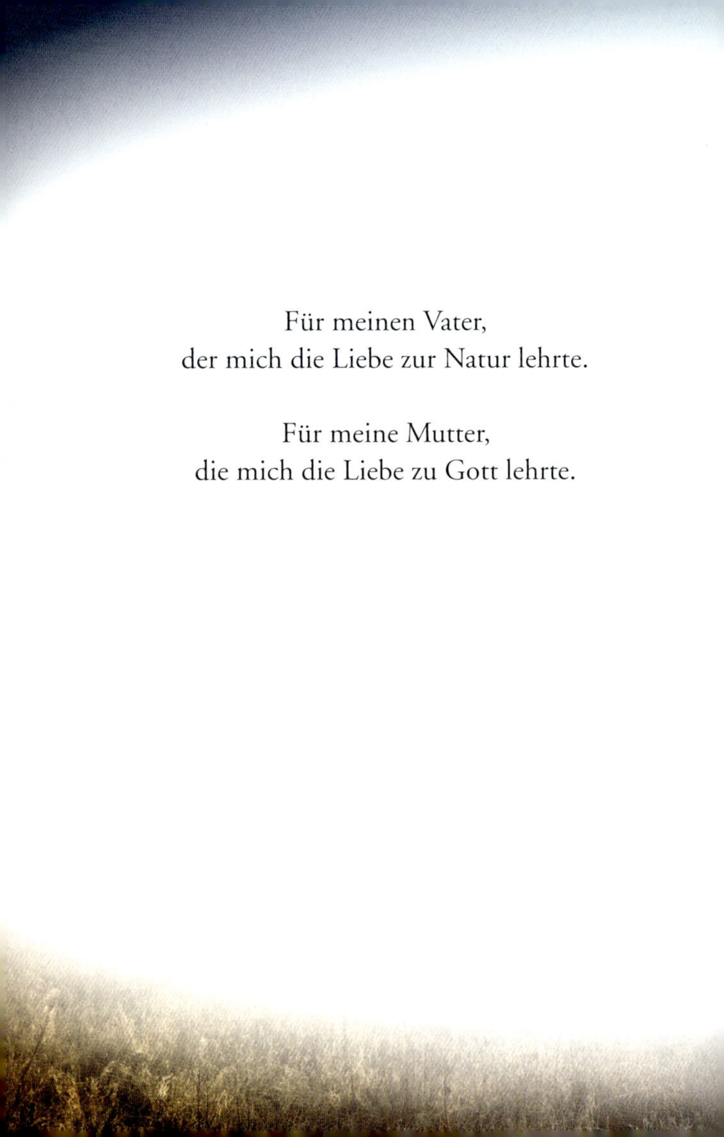

Für meinen Vater,
der mich die Liebe zur Natur lehrte.

Für meine Mutter,
die mich die Liebe zu Gott lehrte.

Steffi Baltes

DIE *Schöpfung* JUBELT DIR ZU

24 geistliche Impulse aus der Natur

francke

Über die Autorin:
Steffi Baltes ist Pfarrerin. Sechs Jahre lang leitete sie ein Gästehaus in Jerusalem und begleitete mit ihrem Mann christliche Reisegruppen durchs Heilige Land. Heute lebt sie in Marburg und arbeitet im Verlag der Francke-Buchhandlung und im Christus-Treff.

Bibliografische Information Der Deutschen Bibliothek
Die Deutsche Bibliothek verzeichnet diese Publikation
in der Deutschen Nationalbibliografie;
detaillierte bibliografische Daten sind im Internet über
http://dnb.ddb.de abrufbar.

ISBN 978-3-86827-472-1

35037 Marburg an der Lahn
Umschlagbilder: © iStockphoto.com / konradlew, olaser,
sdourado
Umschlaggestaltung: Verlag der Francke-Buchhandlung GmbH /
Sven Gerhardt
Satz: Verlag der Francke-Buchhandlung GmbH
Printed in Czech Republic

www.francke-buch.de

Inhalt

Vorwort

Geht es Ihnen auch so? Wenn Sie in der Natur unterwegs sind, spüren Sie eine tiefe Freude darüber, dass Gott so etwas Wunderschönes geschaffen hat. Der Stress und die Hektik des Alltags fallen von Ihnen ab und Sie fühlen sich mit dem Schöpfer und seiner Schöpfung neu verbunden. Wie viel Fantasie, Liebe zum Detail und auch Humor hat Gott bewiesen, als er den Garten Eden für den Menschen, zu seiner Freude, schuf. Auch wenn unsere natürliche Umwelt heute wahrscheinlich nur noch ein schwacher Abglanz des ursprünglichen Schöpfungswerkes ist – sie bietet immer noch viel Grund zum Staunen und Danken. Wenn wir Gott für das loben, was er geschaffen hat, und ihm dafür danken, dass er so wundervoll ist, reihen wir uns ein in das, was die Schöpfung von Anbeginn der Zeit proklamiert:

„Der Himmel verkündet Gottes Größe und Hoheit, das Firmament bezeugt seine großen Schöpfungstaten."

Psalm 19,2

Sind wir in der Natur unterwegs, ahnen wir zuweilen etwas von der geheimnisvollen Größe Gottes. Beim Spaziergang durch den Wald kommt es uns dann vielleicht so vor, als seien wir in der schönsten Kathedrale unterwegs, die wir je betreten haben. Und wir beginnen zu erfassen, dass Gott viel unergründlicher und größer ist, als wir je dachten.

Diesem Geheimnis Gottes kommen wir natürlich in seinem Sohn Jesus Christus am nächsten. Gott hat sich entschieden, sich uns in seinem Sohn zu offenbaren. Wenn wir Jesus ansehen, wenn wir ihm näherkommen, dann erkennen wir alles über Gott, was er uns zeigen möchte.

Dennoch dürfen wir die Aussagekraft der Schöpfung nicht unterschätzen. Der Apostel Paulus schreibt:

„Gottes unsichtbares Wesen,
das ist seine ewige Kraft und Gottheit,
wird seit der Schöpfung der Welt

ersehen aus seinen Werken,
wenn man sie wahrnimmt.“
Römer 1,20

Und der Reformator Johannes Calvin (1509–1564), der selbstverständlich wusste, dass Christus die letztgültige Offenbarung Gottes ist, konnte dennoch sagen:

„Die Spur von Gottes Hand und Fuß enthüllt sich uns in den Werken, in der Welt der Schöpfung.“ Johannes Calvin

So kann uns die Natur ein Wegweiser sein, Gott, Jesus und dem Heiligen Geist wieder neu auf die Spur zu kommen. Sie ist ein weiterer Zugang zu Gott, der natürlich unsere gemeinsamen Gottesdienste, die Offenbarung Gottes in seinem Wort und in seinem geliebten Sohn nicht ersetzen, aber ergänzen kann.

Wenn Gott so etwas Schönes geschaffen hat, sollten wir uns dann nicht an der Schöpfung und ihrem Schöpfer erfreuen?

Johannes Calvin schreibt dazu:

„Sollten wir denken, dass unser Herr den Blumen eine solche Schönheit verliehen hätte, die sich unserem Auge darbietet, wenn es nicht erlaubt wäre, bei ihrem Anblick Gefallen zu empfinden? Sollten wir meinen, er hätte sie mit einem so angenehmen Geruch ausgestattet, wenn er nicht gewollt hätte, dass der Mensch mit Lust daran schnuppert?" Johannes Calvin

Die Natur lehrt uns nicht nur Freude und Dank, sondern lässt sogar bestimmte Wesenszüge Gottes durchscheinen, die auch in der Bibel Ausdruck finden: Seine Schönheit, seine Majestät, seine Wildheit, seine Unergründlichkeit, seinen Frieden, seine Kreativität, seine Liebe und so manches andere bringt die Schöpfung uns näher.

Und mehr noch: Bestimmte Merkmale und Eigenheiten von Pflanzen und Tieren spiegeln Aspekte unseres geistlichen Lebens, unseres Lebens mit Gott, wider. Der Baum kann uns dann zur Erinnerung daran werden, dass wir uns in Gott verwurzeln; die Rose zum Sinnbild dafür, dass wir für Gott ein Wohlgeruch sind; die Eule mit ihrem ausgezeichneten Gehör zur Ermutigung, unsere Ohren auf Gott auszurichten, und der Wolf zu einer Herausforderung, zielorientiert zu leben und dem Siegespreis in Christus nachzujagen.

„*Die Vögel besangen Gott, die Tiere riefen ihn an, die Elemente erzitterten vor ihm, die Berge erklangen vor ihm, die Flüsse und Quellen warfen ihm zärtliche Blicke zu, die Gräser und Blumen lächelten ihn an, so sehr, dass es wahrhaftig nicht darum ging, ihn weit weg zu suchen, da doch jeder ihn bei sich selbst finden konnte, als bei solchen, die alle von seiner Kraft, die in uns wohnt, getragen und erhalten werden.*“
Johannes Calvin

Der Wolf – Zielstrebigkeit

„Ich vergesse, was dahinten ist, und strecke mich aus nach dem, was da vorne ist, und jage nach dem vorgesteckten Ziel, dem Siegespreis der himmlischen Berufung Gottes in Christus Jesus."

Philipper 3,13b-14

Seit fast fünfzehn Jahren gibt es sie nun wieder in Deutschland: die Vorfahren unserer Haushunde – frei lebende Wölfe. Zurzeit sind es um die 24 Wolfsrudel oder Paare, die sich unser Land als ihr neues (altes) Zuhause erkoren haben, insgesamt über 200 Tiere. Allein in der sächsisch-brandenburgischen Lausitz haben fünfzehn Wolfsrudel bzw. Wolfspaare ihr Revier. Dabei war der scharfzahnige, schlaue Graukittel bei uns 150 Jahre lang ausgerottet.

Die Jäger vieler Naturvölker achteten den Wolf früher für seine Klugheit und Ausdauer bei der Jagd. Er war für sie ein ebenbürtiger Gegner und Konkurrent auf der Suche nach Wild. Namen wie Wolfgang (Wolfsgänger), Wolfram (eine Kombination aus den althochdeutschen Begriffen für Wolf und Rabe) oder Wolfhard (kühn wie ein Wolf) legen noch heute Zeugnis davon ab, dass es auch in unserem Land eine Zeit gab, in der das Jagdgeschick des Wolfes als eine begehrenswerte Eigenschaft galt. Der Wolf wurde sogar so sehr bewundert, dass man ihn sich zum Freund machen wollte. Erste gezähmte Hauswölfe, aus denen dann mit der Zeit unsere Haushunde hervorgingen, gab es bereits vor über 100.000 Jahren.

Anders als unsere Haushunde, die gern hierhin und dorthin laufen und schnüffeln, gehen Wölfe sehr zielstrebig vor. Sie setzen beim Laufen ihre Hinterpfoten in die Abdrücke der Vorderpfoten – sie „schnüren“. Eine Wolfsfährte verläuft oft über Hunderte von Metern geradlinig und zielorientiert. Der Wolf geht kräftesparend und systematisch vor – und dazu gehört eben, nicht wie ein Hund relativ planlos das Gelände zu durchstreifen, sondern das Ziel im Auge zu behalten und den Weg zu suchen, der am besten dorthin führt. Das muss nicht unbedingt nur Beute sein. Jungwölfe z. B. müssen oft viele Hundert Kilometer auf „Brautschau" zurücklegen, bevor sie eine Partnerin finden, das gesuchte Objekt ihrer Begierde.

* * *

Als Kinder des großen Schöpfers sind auch wir, natürlich noch in ganz anderem Maße als der Wolf, mit der Fähigkeit versehen, uns Ziele zu stecken, eine Vision zu verfolgen, etwas „nachzujagen". Gott beruft uns sogar dazu. Er will letztlich der Sinn und das Ziel unseres Lebens sein, unser „Objekt der Begierde".

Habe ich Ziele für mein Leben? Wenn ja, welche sind es? Führen sie mich und die Menschen um mich herum näher zu Gott?

Auch wenn das keine leichten Fragen sind – es lohnt sich, dass wir sie uns hin und wieder stellen. Ein Ziel kann beispielsweise sein, dass ich viele Jahre in die Erziehung meiner Kinder investiere und alles daransetze, dass sie gute Werte für ihr Leben mitbekommen und Gott kennenlernen. Wenn die Kinder dann größer werden, bleibt mir mehr Zeit für andere Dinge – einen neuen Start in meinen Beruf zum Beispiel, den ich mit Freude und zur Ehre Gottes ausfülle.

Wohlgemerkt, die Kinder, die Familie oder der Beruf sind dabei letztlich nicht Sinn und Ziel meines Lebens, sondern das alles sind „Teilziele". Die Liebe zu Gott, die Gemeinschaft mit ihm und dass ich an seinem Reich auf der Erde mitbauen darf – das sollte das höchste Ziel meines Lebens sein.

Vielleicht ist Ihr Teilziel, dass Ihre Nachbarn oder Ihr Stadtteil mehr von Gottes Licht und Liebe kennenlernen – dann könnten Sie sich die Frage stellen: Was sind die nächsten Etappen auf dem Weg dahin? Oder Sie möchten gern dazu beitragen, dass es auf unserem Planeten fairer und nachhaltiger zugeht, dass mehr Menschen Zugang zu frischem Wasser, genug Essen und einer guten Bildung haben. Vielleicht engagieren Sie sich dann ehrenamtlich oder beruflich in Projekten, die Menschen überall auf der Welt ein menschenwürdiges Leben ermöglichen?

Es gibt viele Teilziele auf dem Weg zu unserem größten Ziel: Gott zu lieben und ihn zu verherrlichen. Beten Sie darum, dass Gott Ihnen Ihren

Weg zeigt. Und seien Sie gewiss, dass er Ihnen antwortet. Denn letztlich möchte er derjenige sein, dem wir nachjagen, den wir begehren, für den wir meilenweit laufen würden. Er selbst und die innige Gemeinschaft mit ihm ist der eigentliche, der größte „Siegespreis“, den wir erlangen können. Strecken wir uns nach ihm aus, halten wir unsere Nase in den Wind und jagen wir dem Duft dieses neuen Lebens nach.

„Gott und was in Gott ist, hat nicht ein Ziel, sondern ist das Ziel.“

Thomas von Aquin, ca. 1225–1274

Das Eichhörnchen – einen Vorrat anlegen

„Ich freue mich über dein Wort wie jemand, der einen wertvollen Schatz findet.“
Psalm 119,162

Die Heimat des roten Eichhörnchens sind die Baumkronen großer, intakter Wälder. Seine Fellfarbe kann von leuchtendem Hellrot bis zu dunklem Graubraun changieren. Im Herbst sind die putzigen Nager besonders aktiv, denn dann gilt es, Vorräte anzulegen, die das Überleben im kalten, kargen Winter sichern.

Zur Leibspeise der Eichhörnchen gehören Bucheckern, Eicheln, verschiedene Samen und Nüsse. Wenn sie ihre Nester mit Vorräten gefüllt haben, gehen sie auf die Suche nach anderen „Vorratskammern". Damit sie sich ihre Verstecke besser merken können, verbuddeln sie ihren Schatz unter großen Wurzeln, markanten Sträuchern oder in Baumhöhlen. Für das Überleben des Eichhörnchens ist es wichtig, dass es sich vor Einbruch des Winters einen ausreichend großen Vorrat zulegen kann. Kommt die kalte Jahreszeit, sucht das Tier die Verstecke auf, an die es sich noch erinnert. Sein feiner Geruchssinn hilft ihm dabei, die Vorräte selbst unter einer mehrere Zentimeter dicken Schneeschicht aufzuspüren. Die Samen, die unter der Erde in Vergessenheit geraten, keimen nicht selten im Frühjahr, sodass das Eichhörnchen sogar zur Naturverjüngung in seinem Lebensraum beiträgt.

* * *

Ähnlich wie für das Eichhörnchen ist es auch für uns „lebenswichtig", dass wir uns einen ausreichenden Vorrat zulegen. Einen Vorrat an Gottes guten, ermutigenden und ermahnenden Worten, wie sie uns in der Bibel geschenkt sind. Nur so können wir unser Leben als Christen, in der Nachfolge Jesu, meistern.

Vielleicht haben Sie auch schon einmal bei einem Gesellschaftsspiel die Frage beantworten müssen: „Welche drei Dinge würdest du auf eine einsame Insel mitnehmen?“ Früher habe ich dann oft, mehr aus Pflichtgefühl gegenüber Gott als aus Überzeugung, gesagt: „Die Bibel natürlich, und dann noch ...“ Heute, viele Jahre später, habe ich die Bibel und Gottes Wort tatsächlich so lieb gewonnen, dass es ganz authentisch wäre, so zu antworten. Ich habe erlebt, wie wertvoll es sein kann, immer einen guten Vorrat an Bibelworten parat zu haben – auch, wenn gerade keine Bibel greifbar ist. Bibelworte, die *in* mir leben und *durch* die ich lebe. Worte, auf denen ich „herumkauen“ kann, während ich z.B. spazieren gehe. Die mir in den Kopf kommen, wenn ich etwas Bemerkenswertes in der Natur sehe. Worte, anhand derer ich meine Umwelt durch Gottes Augen betrachte. Worte, die ich jemandem zusprechen kann, der Trost oder Ermutigung braucht. Worte, mit deren Hilfe ich andere segnen kann.

Wie dem Eichhörnchen hilft mir ein guter Vorrat an Gottes Worten, Versprechen und Verheißungen außerdem dabei, „karge“ und schwierige Zeiten zu überstehen.

Ein solches Versprechen ist für mich zum Beispiel:

„Fürchte dich nicht, denn ich habe dich erlöst; ich habe dich bei deinem Namen gerufen; du bist mein! Wenn du durch Wasser gehst, will ich bei dir sein, dass dich die Ströme nicht ersäufen sollen; und wenn du ins Feuer gehst, sollst du nicht brennen, und die Flamme soll dich nicht versengen. Du bist in meinen Augen wert geachtet und herrlich und ich habe dich lieb."

nach Jesaja 43,1-2+4

Diese Worte sagte mir eine junge Krankenschwester zum Trost, als ich als Teenager schwer verletzt für Monate im Krankenhaus lag. Ich hielt mich in dieser Zeit daran fest und sagte mir die Verse immer wieder vor. Mit der Zeit sind sie vom Kopf ins Herz gerutscht und haben sich dort „festgesetzt". Und wenn ich wieder einmal in einer schwierigen Lage bin, dann erinnere ich mich an sie und daran, wie Gott mich in der Vergangenheit bereits durch „karge" Zeiten hindurchgetragen hat.

Natürlich gibt es auch noch andere Worte Gottes, die in meinem Leben eine Rolle spielen. Ich bin wirklich sehr froh, jederzeit auf einen Vorrat an Bibelversen oder Zeilen aus christlichen Liedern und Gedichten zurückgreifen zu können. Das ist lebenswichtig für mich.

Leider ist es in unserer Zeit nicht mehr selbstverständlich, zumindest den absoluten „Notvorrat" – das Vaterunser, das Glaubensbekenntnis, ein oder zwei Psalmen – auswendig zu können. Ich bin jedoch überzeugt davon, dass es sich lohnt, viele von Gottes Worten auswendig zu lernen. Denn sein Wort ernährt uns und erhält uns. Und wenn wir es „aussäen" – zum Beispiel indem wir andere Menschen damit ermutigen –, dann kann es in deren Herzen Wurzeln schlagen und nach und nach wird unsere Umwelt „verjüngt" – so wie die der Eichhörnchen.

„Lebe danach, so wirst du ein gutes Leben führen.
Hüte meine Worte wie einen wertvollen Schatz."

Sprüche 7,2

Die Eule – ausgezeichnet hören

„Alle Morgen weckt er mir das Ohr,
dass ich höre, wie Jünger hören."
Jesaja 50,4b

„Und eine Stimme geschah aus der Wolke:
Das ist mein lieber Sohn; den sollt ihr hören!"
Markus 9,7b

Zehn verschiedene Eulenarten brüten in Deutschland. Die am häufigsten vorkommenden Arten sind der Waldkauz und die Waldohreule. Der Ruf des Waldkauzes mit seinem Huuuuuu-huhuhuhuuu ist leicht zu erkennen. Wir hören ihn im Wald, aber auch in Dörfern oder Städten. Am bekanntesten und beliebtesten ist wahrscheinlich die Schleiereule, die wir öfter zu Gesicht bekommen, da sie gern in unseren Kirchtürmen, Scheunen und Ruinen nistet.

Eulen unterscheiden sich durch ihr Aussehen deutlich von allen anderen Vogelarten. Ihr Erscheinungsbild ist eher rundlich, mit großem Kopf, verhältnismäßig großen Augen und einem hakenförmig gebogenen Schnabel. Das runde Gesicht dient ähnlich wie ein Parabolspiegel als Verstärker für das Gehör der Eule, das unglaublich gut ist – besser als das aller anderen Wirbeltiere. Durch eine asymmetrische Anordnung der Ohröffnungen sind Eulen imstande, die exakte Herkunft einer Geräuschquelle, also einer möglichen Beute, zu orten. Eulen sitzen oft über lange Zeit unbeweglich da und horchen aufmerksam und ausdauernd. Wenn sie ein Geräusch vernehmen, drehen sie ihren Kopf in die entsprechende Richtung, um es zu lokalisieren. Schleiereulen, die von allen Eulenarten das empfindlichste Gehör haben, können selbst in absoluter Dunkelheit den genauen Aufenthaltsort einer Maus in einer Scheune bestimmen.

* * *

Natürlich, wir sind keine Eulen – und Gott ist keine Maus in der Scheune. Doch unser Schöpfer, der das faszinierende Gehör der Eulen geschaffen hat, will auch unser Gehör schärfen. Er möchte, dass wir unsere Ohren ganz auf ihn ausrichten und genau hinhören. Die Eule kann nur überleben, weil sie so ein phänomenales Gehör hat. So kann auch unsere Beziehung zu unserem Schöpfer nur dann lebendig bleiben, wenn wir lernen, seine Stimme zu hören. Er hat Worte des Lebens für uns. Nur er kann uns zeigen, was gut für uns ist und wie unser Leben gelingen kann. Doch das Hören auf Gott müssen wir meist erst üben, es ist uns nicht angeboren. Und selbst wenn wir es gelernt haben, übertönt unser lauter Alltag mit all seinen Herausforderungen und Anforderungen oft die sanfte und leise Stimme Gottes. Wir hören alle möglichen Geräusche und Stimmen, haben aber die Sensibilität für die Nähe und Gegenwart unseres Schöpfers verloren. Doch wir können das Hören lernen. Das erfordert allerdings etwas Zeit, Ausdauer und Aufmerksamkeit. Auch das können wir uns von der Eule abschauen – das Warten und Lauschen. Wir öffnen die Ohren unseres Herzens und bitten Gott, so zu uns zu sprechen, dass wir ihn verstehen können. Manchmal setze ich mich für ein paar Minuten ruhig hin und sage zu Gott: „Herr, ich bin hier. Komm und rede zu mir, wenn du willst.“ Und dann bin ich still und warte. Manchmal geschieht gar nichts, aber ich weiß, dass Gott da ist und wir einfach Zeit miteinander verbringen. Manchmal kommt mir ein Bibelvers in den Sinn, der in meine augenblickliche Situation hineinspricht. Manchmal geht mir ein ermutigender Gedanke durch den Kopf, der wie ein kleiner Gruß des Himmels ist. Ab und zu gehe ich auch einfach „mit Gott spazieren“. Ich laufe durch den Wald und bitte meinen Schöpfer, zu mir durch das zu sprechen, was mir begegnet – in den Pflanzen, den Tieren, im Hauch des Windes, im Rauschen der Bäume, in den Strahlen der Sonne oder in den anderen Wanderern, die mir entgegenkommen. Finden Sie für sich geeignete Zeiten und Orte, an denen Sie das Hören auf Gott einüben. Dann fällt es Ihnen auch leichter, mitten im Stress und der Hektik Ihre Ohren auf Gott hin auszurichten.

„Öffnet also, öffnet die Ohren des Herzens, und ihr werdet hören die Stimme, die Stimme der Kraft, die Stimme der Herrlichkeit, die Stimme, welche Flammen auswirft und die Wüsten erschüttert.“

Serafino da Vicenza, Venedig, 1749

Die Pfingstrose – ein Dufterlebnis

„Gott aber sei gedankt, der uns allezeit Sieg gibt in Christus und offenbart den Wohlgeruch seiner Erkenntnis durch uns an allen Orten! Denn wir sind für Gott ein Wohlgeruch Christi unter denen, die gerettet werden, und unter denen, die verloren werden.“

2. Korinther 2,14-15

Die Pfingstrose stammt ursprünglich aus den Bergregionen Südeuropas, trat aber schon früh ihren Siegeszug als Gartenpflanze durch den gesamten Mittelmeerraum an. Benediktinermönche führten die Blume auch in unseren Breiten ein, um sie als Heilpflanze in den Klostergärten zu züchten. Weil diese „Benediktinerrosen“ so schön und leicht zu pflegen waren, wurden sie dann auch gern in Bauerngärten angepflanzt und „Bauernrosen“ genannt.

Ab Mai bilden die Pfingstrosen in unseren Gärten ihre schönen, üppigen Blüten aus. Weil sie um Pfingsten herum blühen und ein wenig Ähnlichkeit mit Rosen aufweisen, haben sie ihren Namen erhalten.

Wilde Pfingstrosen findet man in Deutschland eigentlich nur noch auf Wiesen der Alpenregion. Deshalb gehört die Wildform der Pfingstrose zu den gefährdeten Arten.

Nicht nur die schönen Blüten zeichnen diese Pflanze in unseren Gärten aus, sondern auch ihr meist intensiver, berauschender Duft.

Die Bandbreite der Duftnoten reicht von blumig-herben, honigartigen, lieblichen, zitronigen, fruchtigen und frischen bis hin zu würzigen und erdigen Gerüchen.

Bei den Wildformen der Pfingstrosen hingegen sind auch andere Gerüche zu finden, die manche Menschen an Medizin, Seife oder sogar an Fußgeruch und Zersetzungsgerüche erinnern. Aber gerade durch diese Düfte scheinen die wilden

Pfingstrosen Käfer und andere Insekten anzulocken. Der von Menschen zum Teil als unangenehm empfundene Geruch rührt vom Eiweiß des reichen Pollenangebotes der Wildpflanze her. Unter entsprechenden Bedingungen wird es durch Bakterien zersetzt, was dann die beschriebenen Duftnoten hervorruft.

Das, was wir Menschen als unangenehmen Duft oder vielleicht sogar Gestank empfinden, ist für Käfer und Insekten ein Wohlgeruch. Gott ist wirklich kreativ. Und der Mensch ist nicht das Maß aller Dinge.

* * *

Auch wenn sich das jetzt etwas „blumig" anhört: Ich möchte gern „duften" für Gott, ein „Wohlgeruch" für ihn sein. Paulus ermutigt uns in seinem zweiten Brief an die Korinther dazu. Wenn wir durch unser Leben, unsere Taten und Worte für Gott „duften", dann werden andere davon angezogen. Im Grunde genommen ist es der Wohlgeruch Gottes, den Menschen an uns wahrnehmen *sollen* und Paulus zufolge offenbar auch *können*. Wenn ich mir das so überlege, dann ist das eine große Verantwortung. Paulus traut uns da eine ganze Menge zu. *Gott* traut uns eine ganze Menge zu.

Wie soll das gehen? Wie können wir Gott erfreuen und ein Wohlgeruch für ihn sein? Wie können wir eine „Duftspur" hinterlassen, die Menschen um uns herum zu ihrem Schöpfer lockt – so, wie die wilden Pfingstrosen durch ihren Geruch allerlei Geschöpfe Gottes anlocken und ihnen Nahrung bieten? Wie kann es uns gelingen, dass Menschen durch uns mit ihrem Schöpfer in Berührung kommen und bei ihm Nahrung finden?

Interessant finde ich zunächst einmal, dass nicht jeder von uns den gleichen „Duft" verströmt. Gott hat uns, wie den Pfingstrosen auch, eine große Bandbreite an Duftnoten geschenkt, von denen jede einzigartig ist und ihre Berechtigung hat.

Der eine ist ein Wohlgeruch für Gott, indem er Menschen die Bibel nahebringen und den Weg des Glaubens erklären kann. Ein anderer „duftet" für Gott durch seine Geduld und Barmherzigkeit, die er anderen Menschen entgegenbringt. Wieder ein anderer verströmt einen guten Geruch durch seine Kunst, die er in den Dienst Gottes stellt: Fotos, die das Herz der Menschen berühren; Gemälde, die Menschen eine Ahnung von der Schönheit des Schöpfers geben; poetische Worte, die den Menschen im tiefsten Inneren erreichen und für eine Gottesbegegnung vorbereiten.

Der eine „duftet" durch seine Hilfsbereitschaft anderen gegenüber, die in Not sind. Der andere setzt wohlriechende Akzente, weil er sich für den Erhalt von Natur und Tieren, Gottes Schöpfung, einsetzt.

Es gibt so viele Möglichkeiten, für Gott und Menschen ein Wohlgeruch zu sein, so viele Weisen, zu duften: manche spektakulär und berauschend, andere eher unauffällig und lieblich. Doch keine ist besser als die andere.

Mir fallen oft eher die alltäglichen Gelegenheiten auf, für Gott zu duften: Wenn ich meiner älteren Nachbarin, der ich zufällig im Treppenhaus begegne, meine Zeit schenke und mich angeregt mit ihr unterhalte; wenn ich einen alten Herrn, der mir am Morgen auf dem Weg zur Arbeit mit seinem Stock entgegenkommt, anlächle und „Guten Morgen" sage – solche kleinen Gesten können für die anderen oft ein Wohlgeruch und ein Lichtblick sein, der sie durch den ganzen Tag begleitet. Ein guter Duft kann ich auch dadurch sein, dass ich dem Kind meiner Freundin ein paar Stunden widme und ihr so ein kleines Fenster der Erholung öffne. Oder wenn ich mit jemandem bete, der im Moment keine Worte mehr hat, um seinen Schöpfer anzurufen.

Jeder, der Gott kennt und Jesus lieb hat, ist schon auf die eine oder andere Weise ein Wohlgeruch für Gott und bringt andere auf die „Duftspur" des Schöpfers. Da bin ich mir sicher. Und dennoch dürfen wir Gott bitten, dass er uns mehr davon schenkt, dass er uns zu einem wahren

„Dufterlebnis“ für unsere Mitmenschen macht, damit sie sich vom Wohlgeruch Gottes anziehen lassen und bei ihm alles finden, was sie zum Leben brauchen.

„Mein Herr und mein Gott, schenke mir einen Neuanfang. Mache meine Seele makellos und rein, nimm sie in deine Hände; nimm sie auf wie Wohlgeruch vor dein Antlitz.“

Gregor von Nyssa, 335–394

Der Fuchs – schlau und klug

„Der HERR schaut vom Himmel auf die Menschenkinder, dass er sehe, ob jemand klug sei und nach Gott frage."
Psalm 14,2

„Dieser alte Fuchs!" oder „Das ist ja ein schlauer Fuchs!" – diese Worte haben wir vielleicht selbst schon – genervt, erstaunt oder sogar bewundernd – gesagt. „Fuchs" und „schlau" gehört für uns genauso zusammen wie „Esel" und „dumm". Nicht umsonst. Füchse sind tatsächlich sehr schlaue Geschöpfe. Als „ausgefuchste" Überlebenskünstler halten sie sich längst nicht mehr nur in unseren Wäldern oder Feldern auf. Sie kommen bis hinein in unsere Wohngebiete, um unsere Gärten oder Mülltonnen nach Essbarem abzusuchen. Manche haben den Wald sogar ganz gegen den großen Stadtpark eingetauscht. Berlin ist mittlerweile sicher Deutschlands „Fuchshauptstadt“ geworden, denn dort sollen im Stadtgebiet um die 5000 Füchse leben. Die rotpelzigen Gesellen lernen sehr schnell, stellen Zusammenhänge her und sind in der Lage, komplexe Problemlösungen zu entwickeln. Diese Fähigkeit ermöglichte es ihnen, sich vor langer Zeit schon in ganz unterschiedlichen Lebensräumen, von Alaska bis Nordafrika, zu verbreiten. Auch in der Literatur, von der Antike bis heute, werden Füchse oft als schlau und listig beschrieben. In der Fabel „Vom Fuchs und dem Raben“ des griechischen Dichters Äsop (ca. 600 v. Chr.), die später unter anderem von Martin Luther (1483–1546) nacherzählt wurde, überlistet der Fuchs den Raben und stiehlt ihm ein Stück Käse. Auch in den Märchen der Brüder Grimm (1785–1863 und 1786–1859) gelingt es dem Fuchs, seine Widersacher durch seine Schlauheit zu besiegen, so zum Beispiel in „Der Wolf und der Fuchs“. Diese und viele andere Geschichten sind ein Widerhall dessen, was der Mensch schon seit Jahrtausenden mit dem klugen kleinen Wildhund erlebt hat.

* * *

Klug und schlau zu sein, das ist eine Eigenschaft, die wir uns gern vom Fuchs abschauen können. Natürlich sind wir viel intelligenter als die Füchse. Doch Intelligenz ist nicht immer mit *Klugheit* gleichzusetzen. Wer klug ist, der wendet sich dahin, wo er alles findet, was er zum Leben nötig hat. Diesen Ort, so sagt es uns die Bibel, finden wir nur bei Gott. Was für den Fuchs der Hühnerstall auf dem Bauernhof, der Wald oder das reiche Nahrungsangebot im Stadtpark ist, das ist für uns die Nähe zu Gott. Jesus sagte einmal:

„Darum, wer diese meine Rede hört und tut sie,
der gleicht einem klugen Mann,
der sein Haus auf Fels baute.“
Matthäus 7,24

Wenn wir Gottes Nähe suchen, auf seine Worte hören und Jesus folgen, dann sind wir wirklich klug. Dann hat unser Leben Hand und Fuß. Dann kann es gelingen.

So, wie der Fuchs dahin geht, wo das Nahrungsangebot gut und reichlich ist, sollten auch wir dahin gehen, wo schon ein reich gedeckter Tisch auf uns wartet:

„Du bereitest vor mir einen Tisch
im Angesicht meiner Feinde."
Psalm 23,5a

Gott will unseren Durst und Hunger in der Tiefe stillen, nicht nur oberflächlich. Er freut sich, wenn wir klug sind und an den richtigen Stellen nach Nahrung und Heimat suchen – bei ihm.

Der Fuchs hat aus Erfahrung gelernt, wie er gut durchs Leben kommt. So klug möchte ich gern auch sein. Und doch gelingt es mir nicht immer. Schon oft habe ich in der Vergangenheit die Erfahrung gemacht, dass Gott treu ist und mir hilft, „gut durchs Leben zu kommen" – und sogar mehr als das. Aber wie schnell vergesse ich das wieder! Und wenn die nächste Herausforderung kommt, zweifle ich wieder an Gott und scheine nichts dazugelernt zu haben. Manchmal hilft es mir, aufzuschreiben, was Gott mir schon Gutes getan hat. Und mit der Zeit entdecke ich dann eine Art „Fährte“, die sich durch mein Leben zieht – Gottes Spuren. Dennoch muss ich jeden Tag neu beten: „Herr, lehre mich, klug zu sein und dir zu vertrauen“, denn:

„Wer Klugheit erwirbt, liebt sein Leben;
und der Verständige findet Gutes.“
Sprüche 19,8

Der Feldhase – Vielfalt hält gesund

„Wir alle haben ja Begabungen von Gott geschenkt bekommen, und zwar ganz unterschiedliche, so wie er sie uns in seiner Freundlichkeit gegeben hat …"
Römer 12,6

Meister Lampe ist ein Gourmet. Er liebt Vielfalt und Frische auf seinem Speiseplan. So ernährt er sich in der Regel von Wildgräsern und Wildkräutern.

Unser Schöpfer hat ihn bestens ausgerüstet, damit er an seine pflanzliche Nahrung herankommt: die Y-förmig gespaltene Oberlippe und seine langen Vorderzähne sind die optimalen Werkzeuge, um die Kräuter und Gräser abzuäsen.

Zur „Hasenapotheke“ gehören Borretsch, Dill, Kamille, Kümmel, Ringelblume, Salbei, Bockshornklee, Basilikum, Spitzwegerich, wilde Möhre und vieles mehr.

Doch die Pflanzenvielfalt hat in den letzten Jahrzehnten durch die intensive landwirtschaftliche Nutzung dramatisch abgenommen. Es gibt viel weniger brachliegende Felder oder Ackerrandstreifen mit wild wachsenden Pflanzen. Große Monokulturen und der Einsatz von Herbiziden tragen zur Verarmung unserer Feldfluren bei und bringen die Langohren in große Schwierigkeiten. Der Feldhase findet immer weniger ausgewogene Nahrung, die er zu seinem Wohlbefinden so dringend benötigt. Seine Gesundheit leidet, sodass er weniger Überlebenschancen und weniger Nachkommen hat. Nicht zuletzt deshalb geht der Bestand an Feldhasen jedes Jahr dramatisch zurück.

* * *

So, wie den Feldhasen die Vielfalt an Nahrung gesund erhält, zehren auch wir in unseren Gemeinden davon: Der Leib Christi kann nur dann gesund bleiben, wenn er Vielfalt zulässt, ja, nach Vielfalt *strebt*.

Das kann z. B. Vielfalt sein in Bezug auf ganz unterschiedliche Persönlichkeiten und Charaktere, die in unseren Gemeinschaften, Gemeinden und Kirchen Heimat finden. „Unser Herrgott hat einen großen Tiergarten“, heißt es in einem alten Sprichwort, und das trifft voll und ganz auch auf die Gemeinde Jesu zu. In unseren Veranstaltungen und Gottesdiensten kommen die verschiedensten Menschen mit den unterschiedlichsten Hintergründen zusammen. Da sitzt der Hochschulprofessor neben dem Sozialhilfeempfänger, die Frau im Rollstuhl neben der Sportlerin, der deutsche Opa neben dem Austauschstudenten aus China, die ältere Dame, die stets so melancholisch schaut, neben dem jungen Mann, der immer gute Laune versprüht. Was wären wir in unseren Gemeinden ohne diese herausfordernde, manchmal anstrengende, aber immer auch beflügelnde und dynamische Vielfalt an unterschiedlichsten Menschen, die Jesus lieb haben? Diese Vielfalt hält uns gesund. Sie verhilft uns zu unterschiedlichen Blickwinkeln auf das Evangelium, sobald all diese Menschen ihre Glaubenserfahrungen miteinander teilen. Wenn wir in unseren Gemeindeveranstaltungen erleben, wie Menschen aus anderen Ländern, anderer sozialer Herkunft, anderer Altersstruktur ihren Glauben leben, dann wirkt sich das befruchtend auf unseren eigenen Glauben aus.

Ich genieße es zum Beispiel, wenn jüngere Leute, die meine Kinder sein könnten, den Gottesdienst in meiner Gemeinde gestalten. Ich genieße das, weil es so anders ist, als ich es tun würde. Sie reden anders, beten anders, singen anders als ich. Zugegeben, manchmal ärgere ich mich auch, *weil* es so anders ist. Warum können die es denn nicht so machen, wie *ich* es machen würde? Aber, mal ehrlich, es wäre doch furchtbar langweilig, wenn wir alle wie gleichgeschaltet wären, oder?

Vielfalt bringt Herausforderung. Und Herausforderung bewirkt Wachstum im Glauben. Vor einiger Zeit fragte mich ein junger Mann auf einer unserer Gemeindefreizeiten: „Was ist deine Vision für dein Leben mit Gott?“ „Typisch“, dachte ich mir, „so etwas kann auch nur ein 20-Jähriger fragen, der noch nicht so lange Christ ist wie ich. Vision? Ich bin froh, wenn ich jeden Tag überlebe und es schaffe, irgendwie an Gott dranzubleiben. Sollte es da noch mehr geben …?“ Dennoch bin ich im Nachhinein froh über diese Frage. Denn sie hat mir gezeigt, dass ich wieder hoffen und „groß denken" darf in meiner Freundschaft zu Gott. Da gibt es noch soo viel mehr zu entdecken ...

Vielfalt fordert heraus. Aber sie ist lebensnotwendig. Wenn die Vielfalt in unseren Gemeinden abhandengekommen ist, wenn es nur noch „Monokulturen" gibt, dann macht uns das auf Dauer so krank wie den Feldhasen. Und es lässt unsere „Bestände" schrumpfen. Wenn die Gemeindeglieder keine ausgewogene, vielfältige Kost des Evangeliums mehr bekommen, verlieren sie vielleicht irgendwann ihren Glauben oder werden zumindest geschwächt. Deswegen halte ich es für wichtig, dass wir in unseren Gemeinden möglichst viele Menschen, Männer wie Frauen, aktiv beteiligen: an der Leitung, an der Lehre, an den Predigten, an den Gottesdiensten und anderen Gemeindeveranstaltungen.

„Wenn ihr zusammenkommt, hat jeder von euch einen Beitrag. Der eine bringt einen Psalm mit, der andere hat etwas als verbindliche Lehre über Jesus weiterzugeben ..."

1. Korinther 14,26

Die Eiche – ein Refugium bieten

„Mache den Raum deines Zeltes weit und breite aus die Decken deiner Wohnstatt; spare nicht! Spann deine Seile lang und stecke deine Pflöcke fest! Denn du wirst dich ausbreiten zur Rechten und zur Linken."

Jesaja 54,2-3a

Die wahrscheinlich ältesten Eichen Deutschlands stehen bei Ivenack im Landkreis Mecklenburgische Seenplatte. Manche der Eichen dort sind 1000 Jahre alt oder älter. Die dickste Eiche Deutschlands hingegen steht in Schleswig-Holstein in der Gemeinde Belau und hat einen Stammumfang von fast 13 Meter.

Der „König der Bäume“ nimmt sich für sein Wachstum Zeit. Dafür kann er aber sehr alt, äußerst stark und bis zu 50 Meter hoch werden.

Ich finde alte, knorrige Eichen sehr faszinierend. Nicht nur, weil sie Stärke und Beständigkeit ausstrahlen, sondern auch, weil sie für den Wald und das Tierreich von unschätzbarer Bedeutung sind. Die Baumhöhlen, die Rinde mit Moosbewuchs, abgestorbene Äste und Totholzstrukturen in der Krone der Eiche bieten vielen Tierarten einen Lebensraum, eine Art „Refugium“. Deshalb stehen alte Eichen und andere betagte Bäume oft als „Habitatbäume“ unter Naturschutz.

In der Baumkrone und im Stamm einer Eiche finden bis zu 1000 verschiedene Arten von Insekten Heimat, außerdem Schmetterlingsraupen, Hirschkäfer, Waldameisen, Käuzchen und Fledermäuse. Die Eicheln, die Früchte des Baumes, ernähren Wildschweine, Eichhörnchen, Eichelhäher und andere Tiere.

* * *

Gott will uns die Fähigkeit schenken, nicht nur für uns selbst und unser Überleben zu sorgen, sondern Früchte zu bringen, die auch andere ernähren. Er will uns dazu befähigen, unseren Mitmenschen einen Schutzraum zu bieten, in dem sie sich für kürzere oder längere Zeit aufhalten können. Je gesünder und stärker unsere Beziehung zu Gott ist, desto eher sind wir in der Lage, das Leben anderer Menschen heilsam zu berühren: indem wir ihnen die Nahrungsquellen aufzeigen, die in Gott liegen, und ihnen einen Anteil an unserem Leben gewähren, bis sie stark genug sind, um weiterzuziehen und selbst gesunde Wurzeln auszubilden.

Wie können wir andere „ernähren"? Wie können wir zu ihrer Heilung beitragen? Wie können wir ihnen ein Stück Heimat bieten?

Das ist gar nicht so schwer, wie es sich zunächst anhört. Jeder, der zum Beispiel einen Hauskreis oder Bibelkreis leitet, bietet schon „Schutz" und „Nahrung": Er sorgt dafür, dass Menschen einen Ort haben, wo sie Impulse erhalten und nach und nach geistlich reifen können. Jeder, der beispielsweise bei einem Frauenfrühstück oder einem Gemeindeabend mitarbeitet, bietet Menschen eine Zeit und einen Ort, wo sie mit Gott in Berührung kommen können. Jeder, der andere in der

Seelsorge begleitet, schafft mit Gottes Hilfe einen Raum, wo Menschen heilen und selbst starke Wurzeln ausbilden können. Jeder, der seine Arbeitskollegen oder Nachbarn zu einem Grillabend oder zum Kaffee einlädt, lässt sie Anteil haben am eigenen Leben und, wenn Gott es schenkt, auch einen Blick in die Augen des himmlischen Vaters werfen. Es gibt so viele Möglichkeiten, andere um uns herum zu nähren, die hungrig sind, und denen einen Schutzraum zu bieten, die Hilfe nötig haben.

In meinem eigenen Leben habe ich beides erfahren: ein Refugium gewährt zu bekommen und ein Refugium zu bieten. Als junge Studentin habe ich von Menschen, die älter und weiser waren als ich, lernen dürfen: Wie kann ich meine Beziehung zu Gott gestalten? Wie gehe ich mit Zweifeln am Glauben um? Wie kann ich geistlich und menschlich reifen? Wenn diese Menschen mir nicht über kürzere oder längere Zeit ein „Refugium“ für mein Herz und meinen Verstand geboten hätten, wäre ich heute vielleicht gar kein Christ mehr. Und noch immer gibt es solche Menschen in meinem Leben.

Darüber hinaus habe ich gelernt (und bin immer noch dabei), selbst auch mein Leben für andere, oft jüngere Menschen, zu öffnen und ihnen einen „Schutzraum“ zu bieten: Denen, die ein Gespräch suchen, Zeit zu widmen. Mit ihnen zu beten. Mit ihnen zu lachen oder zu weinen. Von meinen Erfahrungen zu erzählen und auch mal praktisch Hilfestellung zu leisten, wenn meine Hilfe benötigt wird.

Leben miteinander teilen, einander unterstützen, miteinander auf dem Weg sein, einen Lebens- und Freiraum zu bieten, so wie die Eiche – das ist erstrebenswert und gottgewollt. Selbst wenn ich mich vielleicht manchmal zu „alt“ fühle oder Bereiche in meinem Leben sehe, wo der Blitz eingeschlagen hat und eine tiefe Wunde entstanden ist – von den alten Habitatbäumen können wir lernen: trotz und gerade mit unseren Unvollkommenheiten und Narben dürfen wir für andere ein Segen sein.

> *„Ganz arm sein und doch von dem Reichtum Christi austeilen dürfen, das ist vollkommene Freude.“*
>
> Friedrich von Bodelschwingh, 1831–1910

Die Amsel – Vorbilder haben

„Suche stattdessen nach guten Vorbildern, die dir zeigen, wie man ein gutes Leben führt."
Sprüche 2,20

„Unsere Vorfahren lebten diesen Glauben. Deshalb hat Gott sie als Vorbilder für uns hingestellt."
Hebräer 11,2

Ein Vogel, den wir bei uns überall finden können und der uns so gewöhnlich scheint, dass wir ihn kaum noch bemerken, ist die Amsel. Sie ist in der Tat der am häufigsten vorkommende Vogel in Deutschland. Es scheint keinen Ort zu geben, den die Amsel nicht besiedelt: Städte, Dörfer, Vorgärten, Parks, Wald und Flur. Das war allerdings nicht immer so. Noch vor ungefähr 150 Jahren war sie ein sehr scheuer Vogel, der nur in Waldregionen vorkam. Mittlerweile sind Amseln sehr zutraulich geworden und halten sich gern in der Nähe von Menschen auf. In unserem Garten haben wir einen „Amsel-Drive-In": Meine Nachbarin hält auf ihrem Balkon immer ein paar Leckereien wie Haferflocken und Rosinen bereit. Wenn die Amseln genug „gesnackt" haben, fliegen sie manchmal in Richtung meiner Terrasse, um sich an der Vogeltränke einen Schluck zu genehmigen oder auch mal darin zu baden. Dann setzen sie sich an warmen Tagen mit ausgebreiteten Federn auf den Boden und lassen sich die Sonne auf den Pelz brennen.

So ist unser Garten zu einer Art „Wellness-Oase" für Amselpaare geworden. Natürlich gibt es auch genug leckere Würmer aus dem Boden zu ziehen.

Belohnt wird man dann damit, dass die Amseln in den frühen Morgenstunden und abends vor Einbruch der Dämmerung wunderschön singen. Eigentlich sind es jedoch nur die Männchen, die singen. Und sie tun das auch nicht, um uns zu erfreuen, sondern um ihr Revier zu markieren. So sitzt eines der Männchen immer auf der höchsten Spitze der großen alten Birke und zwitschert, was das Zeug hält. Auch wenn es „Reviergesang" ist – es ist trotzdem wundervoll anzuhören.

Der melodiöse Gesang der ansonsten recht unscheinbar wirkenden Amsel gehört zu den schönsten aller einheimischen Vogelarten. Das umfangreiche Repertoire und die große Variationsbreite des Gesanges werden von keinem anderen Vogel erreicht.

Amseln sind sehr kreativ in ihren Gesangsschöpfungen. Teilweise ist der Gesang den Amseln angeboren, doch spielen auch „Vorbilder" eine große Rolle. Die Jungvögel übernehmen vom Vater oder auch von anderen Amselhähnen viele Elemente ihres Gesanges. Ja, sie integrieren auch Gesänge anderer Vogelarten in ihr Repertoire. Aus all den gelernten Elementen komponieren die jungen Amseln schließlich ihre eigene Melodie.

* * *

Wer komponiert unsere „Lebensmelodie"? Wo haben wir von anderen lernen können? Wer waren unsere Vorbilder? So wie die unscheinbare, allgegenwärtige Amsel von anderen lernt, ihre eigene „Lebensmelodie“ zu formen, so lernen auch wir Menschen voneinander. Das fängt schon im Säuglings- und Kindesalter an. Unsere ersten Bezugspersonen und natürlichen Vorbilder sind die Eltern, später die Lehrer, unsere Ausbilder, Anleiter oder Dozenten.

Manche Vorbilder werden uns einfach „vorgesetzt“, ob es uns passt oder nicht, andere suchen wir uns selbst, weil wir an ihnen etwas sehen, das wir bewundern, das wir uns abschauen möchten. Vieles „imitieren“ wir erst einmal – so wie die jungen Amseln zunächst den Gesang ihres Vaters imitieren.

Mit der Zeit suchen wir uns von verschiedenen Vorbildern, die uns auf unserem Lebensweg begegnen, unterschiedliche „Gesangselemente“ heraus, die uns wichtig werden und die wir dann zu unserer ganz eigenen „Lebensmelodie“ zusammenfügen. Eines meiner ersten Vorbilder neben meinen Eltern war sicher der Pfarrer unserer Gemeinde. Ich fand es toll, wie er die Gottesdienste oder unseren Konfirmandenunterricht gestaltete. Durch ihn und die Jugendhelfer in der Gemeinde wurde ich darauf vorbereitet, an meiner Konfirmation meinen Glauben an Gott tatsächlich auch zu „bekräftigen“ (was ja der eigentliche Sinn der Konfirmation ist). Später dann fand ich andere Vorbilder, an denen mich bestimmte charakterliche Eigenschaften und die Qualität ihrer Beziehung zu Gott faszinierten. So begegneten mir zum Beispiel Menschen, die ein großes Herz für die Welt hatten und dafür, die Liebe von Jesus auch an die entlegensten Winkel der Erde zu tragen. Das faszinierte mich und hat mich angeregt, meinen Horizont dafür zu weiten, dass Gott alle Menschen zu sich ziehen will, und meine christlichen Geschwister in fremden Ländern nicht zu vergessen. Andere Menschen nahm ich mir zum

Vorbild, weil sie mir sanftmütig und weise erschienen und anderen gut zuhören konnten.

So könnte ich noch viele Vorbilder nennen, aus denen sich dann mit Gottes Hilfe meine ganz individuelle Lebensmelodie geformt hat. Natürlich sollte unser größtes Vorbild Jesus selbst sein, dem wir nacheifern und folgen wollen. Die Bibel sagt uns deutlich, dass Gott uns seinen Sohn, aber auch menschliche Vorbilder „hinstellt" (Hebräer 11,2), damit wir von ihnen lernen. Unser himmlischer Vater möchte uns helfen, unsere „Lebensmelodie" zu entwickeln und einen wundervollen „Gesang" zu formen, der Menschen aufrüttelt, erfreut und zu Christus zieht.

Vielleicht fragen Sie sich einmal: Wer waren / wer sind meine Vorbilder? Was habe ich von ihnen gelernt? Was möchte ich gern noch lernen? Wo finde ich weitere Vorbilder, die mir helfen können, das Repertoire meiner Lebensmelodie zu erweitern?

Bitten Sie Gott, dass er Ihnen Christus ganz neu als Vorbild wichtig macht und Ihnen auch menschliche Vorbilder schenkt.

„An solche Vorbilder müssen auch wir uns halten, Brüder. Es steht nämlich geschrieben: ‚Gehet mit den Heiligen, denn die mit ihnen gehen, werden geheiligt werden.'“

Erster Klemensbrief, 100 n. Chr.

Das Gänseblümchen – Hilfe zum Entgiften

„Wenn wir aber unsre Sünden bekennen, so ist er treu und gerecht, dass er uns die Sünden vergibt und reinigt uns von aller Ungerechtigkeit."
1. Johannes 1,9

Haben Sie als Kind auch manchmal einen Kranz aus Gänseblümchen geflochten? Oder die Blütenblätter eines Gänseblümchens abgezupft, um herauszufinden, ob Ihr Schwarm aus der Grundschule auch für Sie schwärmt? Er liebt mich ... er liebt mich nicht ... er liebt mich ...

Gänseblümchen gehören zu den bekanntesten Pflanzenarten in unseren Breiten und sind praktisch überall zu finden. Obwohl sie so unscheinbar und zahlreich sind, inspirierten sie die Menschen des Mittelmeerraumes schon früh zu ungewöhnlichen Schmuckkreationen – so wurde auf Kreta bereits 2400 Jahre vor unserer Zeit goldener Schmuck gefertigt, der Gänseblümchen zeigte. Sie sind sehr robust und blühen fast das ganze Jahr hindurch. Sie werden – wie ihr Name schon vermuten lässt – von Gänsen gern gegessen, sind aber auch für den Menschen eine gesunde Beilage zum Salat oder „Deko“ für das Quarkbrot. Gänseblümchen haben wie andere Frühlingskräuter viele gute Eigenschaften, die schon im Altertum bekannt waren, und helfen, den menschlichen Organismus nach dem langen Winter wieder fit zu machen. Zum Beispiel besitzt das Gänseblümchen eine blutreinigende Wirkung, die es zum idealen Begleiter von Frühjahrssalaten und Suppen macht. Auch als Tee aufgebrüht hat es eine positive Wirkung. Diese kleinen Geschenke Gottes, die oft unbeachtet am Wegrand oder auf der Wiese stehen, unterstützen den Stoffwechsel und die Leberfunktion. Außerdem haben sie einen positiven Einfluss auf die Verdauung. So tragen sie zur Entgiftung und Entschlackung des Körpers bei.

* * *

Gott schenkt uns durch vielerlei Arten von Pflanzen, wie z. B. das Gänseblümchen, die Möglichkeit, unseren Körper zu entgiften. Und er hat auch eine Möglichkeit geschaffen, wie wir unser Leben – unseren Verstand, unser Herz, unsere Seele – „entgiften“ können. Zu viele Giftstoffe im Körper machen uns krank. Zu viel „Gift“ in unserer Gedankenwelt, in unserem Herzen und unserer Seele macht uns ebenfalls krank.

Wo sind wir vielleicht mit den Jahren bitter und zynisch geworden, weil Gott uns einen tiefen Wunsch nicht erfüllt oder Leid nicht erspart hat? Der ersehnte Partner lässt auf sich warten. Eine Krankheit ist nicht geheilt worden. Eine wichtige Beziehung ist in die Brüche gegangen. Die Kinder haben sich anders entwickelt, als wir es uns gewünscht hätten. Die Arbeit, die wir tun, füllt uns nicht aus. Wir haben lange für etwas gebetet und es ist nicht eingetreten.

Wir haben die Enttäuschung in uns so lange genährt, bis wir bitter geworden sind. Diese Bitterkeit vergiftet nicht nur uns selbst, sondern auch unsere Beziehung zu Gott und zu anderen Menschen.

Was können wir tun? *Können* wir noch etwas tun?

Ich rede da aus eigener Erfahrung. Auch in meinem Leben ist nicht alles so gelaufen, wie ich es mir gewünscht hätte. Da gab es die eine oder andere leidvolle Erfahrung und tiefe Wünsche, die nicht in Erfüllung gegangen sind. Wohin mit der (ohnmächtigen) Wut und Trauer? Wut auf sich selbst, auf Gott, auf andere. Trauer um Idealbilder vom Leben, die sich nicht erfüllt haben. Um Träume, die zerplatzt sind. Um Lebensentwürfe, die ganz anders geworden sind als zunächst gedacht. Ich wollte die Bitterkeit, die einem das Leben vergällt und die Sonne verdunkelt, loswerden. Und auch wenn ich noch sauer war auf Gott, blieb mir doch keine andere Wahl: Ich habe ihm meine Enttäuschung, das erfahrene Leid, die zerplatzten Träume hingehalten: „Hier, nimm sie, nimm sie auf dich, Jesus. Ich will mich nicht mehr damit belasten. Ich will frei davon sein. Vergib mir meine Bitterkeit. Vergib mir, dass ich dachte, ich hätte ein Recht darauf …"

Das ist ein Prozess. Das geht nicht von heute auf morgen. Und doch habe ich mit der Zeit erfahren, dass es wahr ist, was der Prophet Jesaja beschreibt:

„Fürwahr, er trug unsre Krankheit und lud auf sich unsre Schmerzen.(…) Er ist um unsrer Missetat willen verwundet und um unsrer Sünde willen zerschlagen. Die Strafe liegt auf ihm, auf dass wir Frieden hätten, und durch seine Wunden sind wir geheilt."

Jesaja 53,4-5

Jesus, das Lamm Gottes, will unseren Schmerz und unsere Schuld für uns tragen. Wir können sie ihm „auferlegen" und er trägt sie hinaus aus unserem Leben, hin ans Kreuz.

Vielleicht ist es auch für Sie an der Zeit, dass Sie in dem einen oder anderen Bereich Ihres Lebens „entgiften". Eine Möglichkeit dazu ist die Beichte: Wir erzählen einem vertrauenswürdigen Mitchristen oder Seelsorger von unserer Bitterkeit, unserem „Gift", unserer Schuld, beten zusammen und lassen uns im Namen Jesu die Vergebung zusprechen. Natürlich können Sie das auch allein mit Gott klären. Aber manchmal hilft es, wenn einem jemand mit menschlicher Stimme sagt:

„Dir sind deine Sünden vergeben.
Dein Glaube hat dir geholfen; geh hin in Frieden!"

Lukas 7,48+50

Der Biber –
Lebensraum gestalten

„So schuf Gott den Menschen als sein Ebenbild,
als Mann und Frau schuf er sie.
Er segnete sie und sprach:
‚Vermehrt euch, bevölkert die Erde,
und nehmt sie in Besitz!
Ihr sollt Macht haben über alle Tiere:
über die Fische,
die Vögel und alle anderen Tiere auf der Erde!'"
1. Mose 1,27-28

Der Biber, das zweitgrößte Nagetier der Erde, war in Deutschland durch die Jagd fast ausgerottet. Nur die Elbregion blieb ein Refugium für die beeindruckenden Nager. Doch mittlerweile ist der Biber auch an andere Flüsse und Bachläufe Deutschlands zurückgekehrt, vor allem nach Niedersachsen und Bayern. Hessens Gewässer werden von rund 300 Tieren bevölkert. Deutschlandweit gibt es zurzeit um die 25.000 Tiere, die allerdings durch die wachsende Zerstückelung der Kulturlandschaften und Abwässer bedroht sind.

Biber sind sehr gute Baumeister, die besten unter den bei uns heimischen Tierarten. Ihre Dämme können 30 Meter oder länger werden, bleiben aber meist unter einem Meter Höhe.

Indem sie ihre Burgen und Dämme bauen, gestalten und verändern die Biber ihre Umwelt. Ein Stück „Wildnis" kehrt in die geordnete Kulturlandschaft zurück, neue Lebensräume für andere Tierarten werden eröffnet.

Durch die Aktivitäten der Biber entstehen Feuchtgebiete wie Nasswiesen und Sumpflandschaften, Tümpel, Teiche und zum Teil sogar Auelandschaften. Diese sind wundervolle Biotope für Wasserpflanzen, Frösche, Fische und Libellen, seltene Vogelarten und Schmetterlinge.

Die Dammbauten der Biber tragen sogar zur Steigerung der Wasserqualität bei, weil sie

Schwebstoffe zurückhalten und dadurch das Wasser „klären“.

So schaffen sie das, was wir Menschen mit viel Aufwand künstlich herbeiführen müssen, auf ganz natürliche Weise: der Artenreichtum von Pflanzen und Tieren wird gefördert, unsere Kulturlandschaft wird wieder vielseitiger und ursprünglicher.

* * *

Die Bibel erzählt uns, dass Gott uns Menschen damit beauftragt hat, die Erde, seinen großen Garten, zu gestalten und zu bewahren. Er hat uns mit allem ausgerüstet, was wir dazu brauchen: Intelligenz, Vernunft, Empathie, Mitleid, Liebesfähigkeit, Kreativität und vieles mehr. Doch leider haben wir unsere Sache nicht sehr gut gemacht. Allzu oft haben Habgier, Selbstsucht, Kurzsichtigkeit, Stolz und Selbstüberschätzung die Oberhand gewonnen. Wir haben die Natur und ihre Geschöpfe ohne Rücksicht auf Verluste ausgebeutet und benutzt, um unseren eigenen Interessen zu dienen. Wir haben Gottes Schöpfung nicht geachtet und wertgeschätzt.

In den vergangenen 200 Jahren, mit Beginn

der industriellen Revolution, haben wir unseren Planeten radikal umgestaltet. Nie zuvor in der Geschichte der Welt hatten Menschen die Möglichkeiten und Fähigkeiten, ihren Lebensraum so gravierend zu beeinflussen. Und das nicht nur zum Guten. Mittlerweile kann man schon aus dem Weltraum die einschneidenden „Umgestaltungsmaßnahmen" erkennen, die wir an der Erde vornehmen: Gletscher schmelzen, riesige Waldflächen werden gerodet, Wasserreservoire trocknen aus, Steppen und Wüsten verbreiten sich, Städte von riesigem Ausmaß versiegeln den Boden und werden von Smog-Glocken überlagert. Was man nicht vom Weltraum aus sehen kann, ist nicht minder dramatisch. Tierarten sterben aus. Luft wird verschmutzt. Gewässer werden vergiftet. Unsere Mitgeschöpfe ersticken am Müll, den wir produzieren. Im Frühjahr 2012 verendete ein Pottwal an der südspanischen Küste. Forscher fanden in seinem Magen 17 Kilo Plastikmüll.

Manchmal habe ich den Eindruck, dass Gott seine Welt und uns mit Schmerz betrachtet. Was haben wir unserer Umwelt, unseren Mitgeschöpfen und damit auch uns selbst angetan? Wenn ich beginne, das Ausmaß der Zerstörung, für das wir verantwortlich sind, zu betrachten, überfällt mich ein Gefühl der Ohnmacht. Was kann *ich* schon tun? Wie kann ich es in meinem Umfeld besser machen? Was kann ich dazu beitragen, dass der Lebensraum Erde auch für unsere Nachkommen noch bewohnbar und schön bleibt? Wie kann ich helfen, dass in meinem Umfeld neuer Lebensraum für Tiere und Pflanzen entsteht?

Ich glaube, jeder von uns muss sich von Gott zeigen lassen, welche kleinen und größeren Entscheidungen wir treffen können, mit denen wir unsere Umwelt positiv beeinflussen. Wir können nicht an allen Fronten „kämpfen", aber jeder von uns kann sich bestimmte Schwerpunkte setzen.

Auch wenn uns jede Einzelentscheidung vielleicht zunächst wie ein Tropfen auf den heißen Stein erscheint – wenn viele von uns *gute*, von Gottes Geist geleitete Einzelentscheidungen treffen, können wir tatsächlich, in der Gesamtheit gesehen, unseren Lebensraum Erde positiv gestalten.

Muss ich wirklich eine große Wohnung haben, oder tut es auch eine kleinere? Muss ich wirklich mein eigenes Haus bauen und damit noch mehr kostbaren Boden versiegeln, oder tut es vielleicht auch ein „gebrauchtes"? Muss wirklich jeder in unserer Familie ein eigenes Auto haben, oder können wir Fahrgemeinschaften bilden oder auf Carsharing zurückgreifen? Kann ich auch mal laufen oder mit dem Fahrrad fahren und das Auto in der Garage stehen lassen?

Wenn ich einen Garten habe, könnte ich ihn zum Beispiel so gestalten, dass er vielen Tieren Heimat bietet. Ich könnte Wildblumen pflanzen und damit eine „Bienenweide“ anlegen. Persönlich habe ich zwar keinen eigenen Garten, aber eine Terrasse und ein winziges Stück Rasenfläche. Dort habe ich eine Vogeltränke aufgestellt, die die Amseln oder Kohlmeisen mit Vorliebe zum Trinken oder Baden benutzen. Wer etwas mehr Platz hat, kann einen Gartenteich anlegen, der ein kleines Biotop für Tierarten wird, die in unseren Siedlungen selten geworden sind. Eine Bekannte von mir beherbergt Igel in ihrem Garten, denen sie ein „Igelhaus“ aufgestellt hat. Unseren Kindern können wir schon früh, z. B. durch den Besuch eines Waldkindergartens oder von Naturlehrpfaden, die Wertschätzung für die Schöpfung lehren. Wer die Natur kennt und in ihr zu Hause ist, wird ihr nicht so leicht gedankenlos schaden. Natürlich ist es auch eine gute Sache, sich in Umweltschutzprojekten in unserer Region zu engagieren (z. B. im Rahmen des NABU) oder den Blick zu weiten und Projekte des WWF (World Wide Fund For Nature) zu unterstützen. Auf alle Fälle ist es besser, sich kleine Ziele zu stecken, als gar nicht erst damit anzufangen, unseren Lebensraum Natur zu bewahren, zu schützen und nachhaltig zu gestalten. Gottes Geist will uns dabei führen und uns zu guten Entscheidungen verhelfen.

„Gott, der Herr,
setzte den Menschen in den Garten von Eden.
Er gab ihm die Aufgabe,
den Garten zu bearbeiten und zu schützen.“
1. Mose 2,15

Das Rotkehlchen – sich reinwaschen

„Wir wollen mit aufrichtigem Herzen in die Gegenwart Gottes treten und ihm ganz und gar vertrauen. Denn unsere Herzen wurden mit dem Blut Christi besprengt, um unser Gewissen von Schuld zu reinigen, und unsere Körper sind mit reinem Wasser gewaschen."

Hebräer 10,22

Das Rotkehlchen gehört mit ungefähr vier Millionen Paaren zu unseren häufigsten Brutvögeln und bleibt das ganze Jahr über in seinem Brutgebiet. So kommen wir auch an milden Wintertagen schon früh morgens in den Genuss seines charakteristischen Gesanges, der in hohen Tönen perlend dahinfließt. Das Rotkehlchen mag am liebsten Wälder, die ihm viel Deckung und Bodenbewuchs für seinen Nestbau bieten. Man kann es aber auch in unseren Gärten antreffen, sofern sie nicht zu „aufgeräumt“ sind, sondern üppige Hecken, Busch- und Baumbestand bieten oder vielleicht eine Mauernische aufweisen, wo das Rotkehlchen seinen Nachwuchs großziehen kann.

Wer eine Vogeltränke im Garten stehen hat, merkt schnell: die „Rotbrüstchen“ sind sehr reinliche Tiere. Sie baden und „planschen“ gern, und zwar das ganze Jahr hindurch.

Wenn keine seichte Wasserfläche vorhanden ist, behilft sich das Rotkehlchen mit taubenetzten oder regennassen Blättern, an denen es sein Gefieder reibt und anschließend sorgfältig putzt.

Im Winter badet das Rotkehlchen in kleinen Wasserflächen, die sich auf dem Eis bilden.

In Christuslegenden spielt das Rotkehlchen immer wieder eine Rolle. Es wird als reiner, mitleidensfähiger Vogel beschrieben, der mit dem Blut Christi in Berührung kommt und dadurch sein wunderschönes, rötliches Brustgefieder erhält.

Einmal wird erzählt, dass Rotkehlchen Christus auf dem Weg zur Kreuzigung begleitet und versucht hätten, seine Häscher zu vertreiben. Rotkehlchen können in der Tat sehr kampfesfreudig sein. Als es ihnen aber nicht gelungen sei, Christus zu retten, hätten sie versucht, seinen Blutfluss zu stillen. Das Blut aus seinen Wunden habe ihre Brust rot gefärbt.

Ein anderes Mal wird erzählt, ein Rotkehlchen sei zum Erlöser am Kreuz geflogen und habe ihm etwas vorgesungen, damit er sein Leiden besser ertragen könne. Ein Blutstropfen sei auf das Brustgefieder des kleinen Vogels gefallen, das seitdem eine rötliche Färbung aufweise.

Eine weitere Legende erzählt, dass ein kleiner, einfarbig brauner Vogel die Kreuzigung Christi mit angesehen habe. Tränen seien aus seinen Augen geronnen, als er bemerkt habe, wie die spitze Dornenkrone den Erlöser peinigte. Er sei zum Kreuz geflogen und habe versucht, eine der Dornen aus der Krone zu ziehen. Ein Blutstropfen von der Stirn Christi habe seine Brust rot gefärbt. Diese Legende wurde von Selma Lagerlöff (1858–1940) aufgenommen. In ihrer Version heißt es am Ende:

„Als der Vogel wieder in sein Nest kam, zwitscherten seine Kleinen ihm zu: ‚Deine Brust ist ja rot, deine Kehlfederchen sind röter als Rosen!'

‚Das ist nur ein Blutstropfen von der Stirn des armen Mannes. Der wird verschwinden, sobald ich in einem Bächlein oder in einer klaren Quelle bade', zwitscherte der Vogel zur Antwort.

Aber wie oft auch das Rotkehlchen badete, die rote Farbe verschwand nicht mehr von seiner Brust, und als seine Kleinen herangewachsen waren, leuchtete die blutrote Farbe auch auf ihren Brustfedern, wie sie noch bis auf den heutigen Tag auf jedes Rotkehlchens Brustfedern leuchtet."
(Selma Lagerlöff, Christuslegenden, 1914)

* * *

Die Erzählungen, die sich um das Rotkehlchen ranken, das mit dem Blut Christi gezeichnet wird, sowie seine Freude am Baden veranschaulichen zwei Aspekte des Glaubens, die wir manchmal nur schwer zusammenbringen:

„Denn unsere Herzen wurden mit dem Blut Christi besprengt, um unser Gewissen von Schuld zu reinigen, und unsere Körper sind mit reinem Wasser gewaschen", sagt uns der Hebräerbrief.

Dass wir, wenn wir uns Christus nähern, mit seinem Blut gezeichnet werden und dadurch eine

Reinigung unserer Herzen und Körper erfahren, scheint im ersten Moment ein Widerspruch zu sein. Und dennoch ist es so.

„Das Blut Jesu, seines Sohnes, macht uns rein von aller Sünde“, lesen wir im ersten Johannesbrief (1. Johannes 1,7b).

Wie aber kann etwas, das blutrot ist, uns dennoch reinwaschen?

Das gehört zu den vielen Geheimnissen Gottes, die er vielleicht eines Tages, am Ende der Zeiten, mit uns teilen wird. Bis dahin bleibt uns nichts anderes übrig, als seinem Wort zu vertrauen. Gott hat uns versprochen:

„Wenn wir unsre Sünden bekennen, so ist er treu und gerecht, dass er uns die Sünden vergibt und reinigt uns von aller Ungerechtigkeit.“

1. Johannes 1,9

Damit wir rein vor Gott dastehen und neu mit ihm unser Leben beginnen können, frei von Schuld, hat Christus sein kostbares Blut vergossen.

Wir können uns nicht selbst „reinwaschen“, aber wir können Gott unser Versagen eingestehen, das Opfer Christi für uns in Anspruch nehmen und erfahren, dass Gott alle Ungerechtigkeit von uns abwäscht und uns in seine Gerechtigkeit kleidet.

Das sind nicht nur fromme Worte. Das ist eine Realität, die Christen zu allen Zeiten erfahren haben. Von unserer Seite her erfordert das natürlich Einsicht. „Einsicht ist der erste Schritt zur Besserung“, sagt der Volksmund. Wie wahr! Doch es ist nicht leicht, sich einzugestehen, dass wir manches, vielleicht sogar vieles, in unserem Leben falsch gemacht haben. Dass wir an anderen und an Gott schuldig geworden sind. Diese Einsicht bringt nämlich mit sich, dass wir nicht so großartig sind, wie wir immer dachten. Dass wir Hilfe brauchen. Vergebung. Neuanfang. All das möchte Gott uns von Herzen gern schenken, durch seinen Sohn Jesus Christus.

Was mir persönlich immer ein wenig schwerfällt, ist, dass es ja mit „einem Mal“ nicht getan ist. Denn ich erlebe, dass ich immer wieder Schuld auf mich lade und dann denke: „An dieser Stelle war ich doch schon mal. Wie bin ich denn jetzt wieder hierhin gekommen? Ich dachte doch, ich hätte mich schon weiterentwickelt!“ Und wieder muss ich Gott sagen: „Es tut mir leid. Vergib mir. Hilf mir. Und hilf, dass auch die mir vergeben können, denen ich wehgetan habe.“ Das ist demütigend. Und dennoch nötig, wenn wir auf dem Weg mit Gott weitergehen wollen. Und: Ja, es gibt auch Bereiche in meinem Leben, wo ich merke: Es „bringt“ etwas, sich immer wieder von Gott reinwaschen zu lassen. Ich mache Fortschritte. Ich glaube, diesen Prozess nennt man „Heiligung“. Viele von uns haben das schon erfahren: Gott reinigt uns, heilt uns, heiligt uns. Wir dürfen auch Siege erleben, nicht nur Niederlagen. Wir dürfen lernen, nicht immer wieder in dieselben Fallen zu tappen. Gott schenkt uns, dass wir immer befreiter werden können von altem Ballast und ein größerer Segen für andere.

„Wascht euch, reinigt euch, tut eure bösen Taten aus meinen Augen, lasst ab vom Bösen! Lernt Gutes tun, trachtet nach Recht, helft den Unterdrückten, schafft den Waisen Recht, führt der Witwen Sache! So kommt denn und lasst uns miteinander rechten, spricht der HERR. Wenn eure Sünde auch blutrot ist, soll sie doch schneeweiß werden.“

Jesaja 1,16-18a

Die Kiefer – tief verwurzelt

„Glücklich ist, wer Freude hat am Gesetz des Herrn und darüber nachdenkt – Tag und Nacht. Er ist wie ein Baum, der nah am Wasser steht, der Frucht trägt jedes Jahr und dessen Blätter nie verwelken. Was er sich vornimmt, das gelingt."

Psalm 1,2-3

„Gesegnet aber ist der Mensch, der sich auf den Herrn verlässt und dessen Zuversicht der Herr ist. Der ist wie ein Baum, am Wasser gepflanzt, der seine Wurzeln zum Bach hin streckt. Denn obgleich die Hitze kommt, fürchtet er sich doch nicht, sondern seine Blätter bleiben grün."

Jeremia 17,7-8a

Durchschnittlich ein Viertel der Waldfläche Deutschlands ist mit Kiefern bewachsen. Dieser Baum, der bei uns so weit verbreitet ist, hat in ganz Europa ein Zuhause gefunden. Ja, er ist sogar der am häufigsten vorkommende immergrüne Nadelbaum. Vielleicht hängt das damit zusammen, dass die Kiefer sehr robust ist. Sie kann ein Alter von 600 Jahren, in manchen Fällen sogar 1000 Jahren erreichen.

Bis zu 50 Meter hoch kann eine Kiefer werden und ihre Wurzel 10 Meter in die Erde hineintreiben, wenn sie in sehr trockenem Boden wächst. So gehört die Kiefer zu den „Tiefwurzlern", die eine Pfahlwurzel ausbilden, die senkrecht in das Erdreich hineinwächst und tief liegende Wasserreservoirs erreichen kann.

Die Pfahlwurzel und die langen Seitenwurzeln machen die Kiefer zu einem Baum, der fest im Erdreich verankert ist und auch heftige Stürme übersteht.

Sie ist aber nicht nur sehr robust und beständig, sondern mit ihrer roten Rinde, dem intensiven Grün der Nadeln und den schön geformten Kronen auch ein sehr ästhetischer Baum, der noch dazu einen würzigen Geruch verbreitet.

Wenn der Wind durch die Baumwipfel streicht, bringt er ein Rauschen hervor, das so nur bei der Kiefer entsteht und angenehm entspannend wirkt, wenn man sich die Zeit nimmt, darauf zu achten.

* * *

Die Kiefer erinnert mich daran, dass Gott uns ein Leben verspricht, das beständig, „tiefgründig“ und sturmfest ist. Ein Leben, das Frucht und Schönheit hervorbringt. Ein Leben, das andere erfreut – zur Ehre Gottes.

So ein Leben ist nur dann möglich, wenn wir wie die Kiefer tiefe Wurzeln ausbilden und sie zum Wasser hin ausstrecken. Der große Schöpfer aller Dinge will unser Grund sein, in den wir uns fest verwurzeln können. Er ist auch unser „Wasserreservoir“, unsere Quelle, die uns erfrischt und mit Nährstoffen versorgt.

Wie aber können wir ein „Tiefwurzler“ werden? Wie kann es uns gelingen, uns so fest in Gott zu verwurzeln, dass wir auch stürmische Krisenzeiten in unserem Leben überstehen? Wie strecken wir uns so zu ihm aus, dass wir uns mit seinem „Lebenswasser“ vollsaugen können?

Gott begegnet uns in seinem Wort, der Bibel. Er begegnet uns in seinem Sohn Jesus. Er kommt uns nahe in Liedern und Gebeten. In der Gemeinde, in der Gemeinschaft mit anderen Christen und im Alltag. Am Arbeitsplatz und in der Natur. Es gibt keinen Ort, an dem wir uns nicht nach Gott und seiner Gegenwart in unserem Leben ausstrecken könnten.

Bilden Sie „Rituale“ aus, nehmen Sie sich Zeit und suchen Sie Orte, an denen Sie sich mit Gottes Gegenwart und seinem Heiligen Geist „vollsaugen“ können. Das kann eine kurze Zeit am Morgen oder am Abend sein, in der Sie einfach still vor Gott sind und die Gemeinschaft mit ihm genießen, in der Sie mit einfachen Worten zu ihm sprechen, in der Sie einen Abschnitt aus der Bibel lesen und darüber nachdenken. Sie können einen Satz aus Gottes Wort auch beim Joggen in Ihrem Herzen bewegen; beim Spazierengehen mit Ihrem Hund darauf „herumkauen“ oder sich auf dem Weg zur Arbeit im Auto durch einen Abschnitt aus einer Hörbibel erfrischen lassen. Ich persönlich finde es hilfreich, mich jede Woche oder zumindest zweimal im Monat mit einer kleineren Gruppe von Christen in einem Hauskreis oder Bibelkreis zu treffen, wo wir einander auf dem gemeinsamen Weg mit Gott unterstützen. Dort habe ich einen kleinen, geschützten Rahmen, wo Probleme oder Fragen zur Sprache kommen dürfen, wo man miteinander und füreinander betet. Darüber hinaus treffe ich mich einmal im Monat mit einer Freundin und wir nehmen uns ausführlich Zeit, um mit unseren Anliegen vor Gott zu kommen und einander in unseren Herausforderungen und Aufgaben zu begleiten und zu ermutigen.

Vielleicht haben Sie ebenfalls jemanden, mit dem Sie von Zeit zu Zeit vertrauensvoll reden und beten können. Natürlich ist auch der Gottesdienst in der Gemeinde, wo wir zusammen mit vielen anderen Christen Gott loben und neue geistliche Impulse bekommen, wichtige „Nahrung“ für das Leben im Alltag. Darüber hinaus kann ein gutes christliches Buch, das Sie schon lange lesen wollten, Ihnen helfen, Ihr Vertrauen auf Gott zu stärken und sich im Nährboden seiner Liebe zu verankern, sodass Sie den Stürmen, die unser Leben so mit sich bringt, besser gewachsen sind.

Was stärkt Ihr Vertrauen auf Gott? Was hilft Ihnen am besten, sich in ihm zu verankern? Beten Sie, dass Gott Ihnen zeigt, wie Sie wirklich tiefe Wurzeln ausbilden und Ihre Freundschaft zu ihm stärken können.

Gottes Geist will und wird uns dabei helfen. Wir dürfen erleben, dass wir für Gott grünen und blühen. Wir dürfen erfahren, wie sein lebendiger Atem durch unsere „Wipfel“ streicht und wir andere Menschen erfreuen und auf den Schöpfer aufmerksam machen.

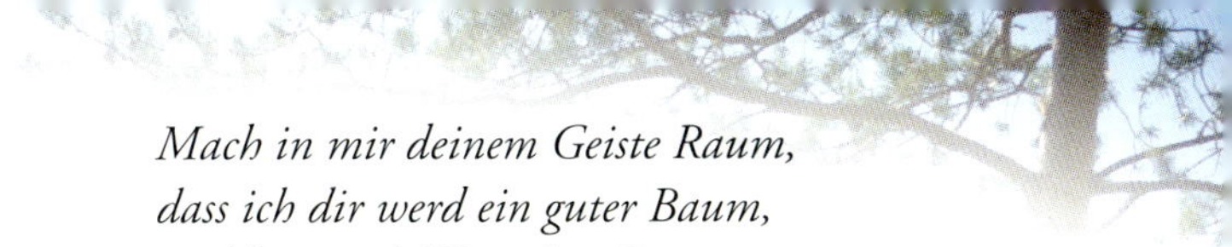

Mach in mir deinem Geiste Raum,
dass ich dir werd ein guter Baum,
und lass mich Wurzel treiben.
Verleihe, dass zu deinem Ruhm
ich deines Gartens schöne Blum
und Pflanze möge bleiben.
Paul Gerhardt, 1653

Das Wildschwein – Ruhe halten

„Und so vollendete Gott am siebenten Tage seine Werke, die er machte, und ruhte am siebenten Tage von allen seinen Werken, die er gemacht hatte. Und Gott segnete den siebenten Tag und heiligte ihn, weil er an ihm ruhte von allen seinen Werken, die Gott geschaffen und gemacht hatte.“

1. Mose 2,2-3

Durch die deutschen Wälder streifen mittlerweile mehrere Millionen Schwarzkittel. Aber nicht nur Wälder, sondern auch Vorgärten oder Parks werden von Wildschweinen aufgesucht. In Berlin, der „Hauptstadt der Wildschweine“, gibt es bereits um die 6000 Tiere, die auf Futtersuche durch die Stadt streifen. Auch wenn diese große Nähe zum Menschen natürlich nicht ideal ist, ist das Schwarzwild normalerweise eher scheu und nur nachts aktiv. Wer gern auf ausgebauten Wegen im Wald spazieren geht, braucht keine Angst vor den großen Tieren zu haben. Sie meiden in der Regel Spazierwege, Wanderwege oder gut frequentierte Trimm-dich-Pfade. Gefährlich können sie nur dann werden, wenn sie verletzt sind, wenn man ihnen zu nahe kommt und sie Frischlinge beschützen wollen. In Berlin allerdings scheinen sie sich schon so an den Menschen gewöhnt zu haben, dass sich die Bachen mit ihren Kleinen beim Durchwühlen des Bodens auch nicht durch neugierige Zuschauer stören lassen.

Einen großen Teil des Tages, um die 12 Stunden, verbringen die Tiere damit, im Dickicht zu ruhen. Dazu heben sie eine Kuhle im Boden aus und legen sich hinein. Diese verborgenen, oft mit Blättern gefüllten Mulden und Kuhlen werden von Jägern auch „Kessel" genannt. Manche dieser „Ruhestätten" sind aufwendiger gebaut und bieten den Tieren einige Wochen lang Unterschlupf, bevor sie weiterziehen und eine neue Mulde anlegen. Andere Kuhlen werden von den Wildschweinen nur einmalig benutzt. Die Kleinsten, die Frischlinge, lieben es, sich auf der Seite liegend in der Sonne aufzuwärmen und zu dösen. Die Mulden hingegen bieten an besonders warmen Tagen etwas Abkühlung.

Obwohl Wildschweine normalerweise „die Ruhe weg" haben, können sie, falls es nötig ist, auch sehr schnell rennen und sind gute Schwimmer.

* * *

Fast jedes Mal, wenn ich zu Besuch bei meinen Schwiegereltern bin, gehen wir in den Wald und besuchen die Wildschweine, die dort allerdings nicht mehr wild, sondern in einem großen Gehege leben. Sie sind an Menschen gewöhnt. Ich liebe es, die Wildschweinmütter mit ihren Kleinen zu beobachten oder die älteren Geschwister, die sich durchs Gehege jagen. Manche liegen auch ganz unbeeindruckt fernab vom Zaun und den neugierigen Besuchern an ihrem Lieblingsplatz und dösen ungeniert vor sich hin. Warum sollten sie sich auch genieren? Sie tun das, was in ihrer Natur liegt. Sie ruhen, um ihre Energiereserven zu schonen, um zu Kräften zu kommen, um gesund zu bleiben. Sie haben keine eng gesteckten Zeitpläne, To-do-Listen, Erfolgsdruck, Leistungsdenken, Jahrespläne, Deadlines und anderes mehr, denke ich dann etwas neidisch. Sie können es sich leisten, einfach in der Sonne zu dösen. Vielmehr: Sie können es sich *nicht* leisten, *nicht* zu ruhen. Sonst würde auf Dauer ihr ganzes Wildschweinleben durcheinandergeraten.

Gott hat die Ruhe aber nicht nur den Schwarzkitteln „verordnet", sondern auch uns. Ruhe zu halten, wenigstens an einem Tag der Woche, das ist keine Option, sondern ein *Gebot* Gottes. Es kommt an dritter Stelle im Dekalog, gleich nach „Du sollst keine anderen Götter haben neben mir" und „Du sollst den Namen des Herrn, deines Gottes, nicht missbrauchen". Gott selbst hat von seinen Werken geruht. So ist das „Zur-Ruhe-Kommen" ein Teil der Schöpfungsordnung. Ein Prinzip, auf das Gott die Welt gebaut hat. Ein wichtiger Aspekt des natürlichen Lebens. Die Natur kennt Ruhephasen, die Tierwelt auch – nur wir Menschen meinen, wir müssten rund um die Uhr verfügbar, immer aktiv, immer online, immer auf dem neuesten Stand, immer auf dem Sprung sein.

„Schlafen kann ich noch, wenn ich tot bin“, sagte mir jemand einmal. Und manche von uns meinen, wenn sie das biblische „Kauft die Zeit aus“ zitieren, es bedeute, so viel wie möglich in unsere Tages- und Lebenszeit hineinzuquetschen. Zeit zu haben ist „böse“ und „sich ausruhen“ ist faul, schließlich können wir in dieser Zeit nichts für Gott „bewirken“. Immer beschäftigt zu sein, das ist gut!

Ist das so? Wenn wir das denken, schlagen wir Gott im Grunde genommen ins Gesicht. Wollen wir etwa mehr sein als er? Oder Größeres zustande bringen als er? Wenn selbst *Gott* geruht hat, dann dürfen wir das doch auch! Und wir sollen es sogar. Gott gebietet es uns.

Nicht jeder von uns kann am Sonntag oder am Samstag ruhen – wenn man im Gesundheitswesen, im Hotelgewerbe, in einem Servicebereich, als Pfarrer, im Schichtdienst, als Polizist o. Ä. arbeitet, kann man nicht unbedingt dann „ruhen“, wenn die meisten es tun.

Als mein Mann und ich für einige Jahre in Jerusalem wohnten, schien es uns, als habe immer jemand anderes gerade seinen Ruhetag: am Freitag die Muslime, am Samstag die Juden, am Sonntag die Christen.

Welcher Tag unser Ruhetag ist, ist nicht unbedingt entscheidend. Ich denke, Gott weiß, dass wir in unserer komplexen Arbeitswelt flexibel sein müssen. Doch *dass* wir einen Ruhetag brauchen, ist nicht verhandelbar. Tage und auch mal längere Zeiten der Ruhe und Ruheoasen mitten im Alltag – das ist wichtig für unser geistiges, emotionales und körperliches Wohlbefinden. Gott als unser Schöpfer und Arzt „verordnet" uns Ruhe. Zeiten zum Auftanken. Zeiten, in denen wir uns einfach nur freuen dürfen, dass Gott uns das Leben geschenkt hat. In denen wir uns mit Familie und Freunden treffen. Oder allein ein Buch lesen. Mit Gott in der Natur spazieren gehen. Beten. Uns in Gottes Wort vertiefen. Mit den Kindern spielen. Schwimmen. Wandern. Oder schlafen. Jeder von uns weiß sicher, was ihn körperlich, seelisch und emotional aufbaut und stärkt. Was ihn entspannt.

Mittlerweile müssen wir in unserer hektischen, informationsüberfluteten Welt Ruhephasen einplanen, wie einen wichtigen Termin im Kalender. Denn nur, wenn wir *in* und *mit* Gott zur Ruhe kommen, können wir all das sein und all das werden, was Gott mit uns im Sinn hat.

Andererseits ist die Ruhe etwas, das nicht unbedingt zu einem Ziel führen muss, nach dem Motto: „Nur, wenn ich mehr Ruhe halte, kann Gott an mir arbeiten.“ Nein. Ich denke, Gott macht uns mit dem Gebot zum Ausruhen einfach ein großes, großes Geschenk.

„Sechs Tage sollst du arbeiten
und alle deine Werke tun.
Aber am siebenten Tage ist der Sabbat des Herrn,
deines Gottes. Da sollst du keine Arbeit tun.“
2. Mose 20,9-10a

Der Löwenzahn – verkannt und doch kraftvoll

„Er hat das erwählt, was von der Welt verachtet und gering geschätzt wird, und es eingesetzt, um das zunichte zu machen, was in der Welt wichtig ist."
1. Korinther 1,28

Ist es Ihnen auch so gegangen? Als Kinder haben wir sie geliebt, die Pusteblumen, die sich aus dem verblühten gelben Löwenzahn entwickeln. Wir haben es geliebt, sie abzupflücken, kräftig hineinzupusten und dann zuzusehen, wie die kleinen Fallschirme in alle Richtungen davongetragen wurden. Der Nachbar allerdings konnte unsere Freude meist nicht teilen, wenn die Schirmchen auf seinem gepflegten Rasen landeten, um sich dort festzusetzen und zu „Unkraut“ zu entwickeln.

Denn das ist es, als was der Löwenzahn von vielen Gartenliebhabern auch heute noch angesehen wird. Unkraut, das man am besten vorsichtig mit der ganzen, kräftigen Wurzel ausreißt.

Dabei sind die gelben Blüten des Löwenzahns, die besonders zwischen April und Mai mit der Sonne um die Wette strahlen, durch ihr reiches Pollenangebot ein kleines Feinschmeckerrestaurant für viele Insekten. Außerdem sind sie eine wichtige „Bienenweide“, an der sich die Bienen nach den kalten Wintermonaten stärken können.

Der aus dem Löwenzahn gewonnene Bienenhonig hat eine kräftige, goldgelbe Farbe und ein fruchtiges, aber auch scharfes Aroma. Aus den Blüten kann man zu Hause leicht selbst einen honigartigen Sirup herstellen, der sich als Brotaufstrich oder zum Süßen eignet.

Im Frühling kann man die jungen Blätter des Löwenzahns für einen herb-würzigen Salat oder ein Löwenzahnpesto verwenden.

Seinen Namen hat der Löwenzahn wegen seiner gezackten Blätter erhalten, die an Löwenzähne erinnern. Schon im Altertum war der Löwenzahn als Heilpflanze bekannt, die die Verdauung ankurbelt, Nieren und Blase anregt und bei Störungen der Gallen- und Leberfunktion helfen kann.

Die gesamte Pflanze kann zu Arznei verarbeitet werden. Der Löwenzahn ist also ein echtes Multitalent, Lebensmittel und Arznei zugleich, und keineswegs nur ein störendes Unkraut.

* * *

Besonders aus meiner Kindheit erinnere ich mich noch, dass der Löwenzahn bei den Liebhabern gepflegter Gärten verhasst war. Man rückte dem Plagegeist mit Unkrautvernichtungsmittel zu Leibe, im besten Falle (für die Umwelt) wurde er ausgestochen oder abgeflammt. Die starken Wurzeln stellten ein Problem dar, denn der vermeintlich entfernte Löwenzahn schien sich mit ihnen regelrecht im Rasen festgebissen zu haben. Immer wieder kam er neu hervor.

Die Löwenzahnpflanze ist für mich ein schönes

Bild dafür, welche anderen Maßstäbe Gott doch hat, als wir sie oft haben.

Vielleicht schauen wir manchmal andere um uns herum an und beurteilen sie danach, was sie schon im Leben erreicht haben, wie schön sie sind, wie klug, wie beliebt, wie erfolgreich, wie „nützlich" für die Gesellschaft ...?

Und vielleicht beurteilen wir uns oft nach denselben Maßstäben, die wir an andere anlegen: Was habe ich schon im Leben erreicht? Ich bin doch nutzlos für Gott. Sicher kann er mich nicht lieben. Bestimmt denken die anderen, ich sei ein Verlierer. Ich bin doch nur eine Last für meine Familie ...

Doch Gott hat andere Maßstäbe. Er sieht das Herz an. Er erwählt das, was in den Augen der Welt, in unseren eigenen Augen, schwach und klein ist, scheinbar unfähig, unbedeutend, lästig.

Er sieht das Potenzial in uns, auch wenn es für uns selbst oder andere verborgen ist.

„Christus wird uns nicht fragen, wie viel wir geleistet haben, sondern mit wie viel Liebe wir unsere Taten vollbracht haben."

Mutter Teresa, 1910–1997

„Es gibt viele Leute, die die großen Dinge tun können. Aber es gibt sehr wenig Leute, die die kleinen Dinge tun wollen."

Mutter Teresa

Die Kastanie – Wärme schenken

„Auch wenn zwei beieinanderliegen, wärmen sie sich; wie kann ein Einzelner warm werden?“
Prediger 4,11

Haben Sie es auch so geliebt, als Kind im Herbst unter alten Rosskastanienbäumen die schönen, glatten Kastanien zu sammeln, die so gut in der Hand liegen? Ich erinnere mich, dass wir in der Grundschule Kastanientiere gebastelt haben: Igel, Pferdchen, Hirsche, Raupen und anderes mehr – mal besser, mal weniger gut erkennbar. Spaß gemacht hat es jedenfalls. Vor einiger Zeit habe ich mich zusammen mit unserem kleinen Patensohn an diesen Basteleien mit Naturmaterialien versucht. Dabei fiel mir auf, dass diese Kastanientierchen doch widerspenstiger sind, als ich es in Erinnerung hatte. Vielleicht aber waren wir als Kinder auch fantasievoller und es musste eben nicht das „perfekte" Kastanienpferdchen sein ...

Der Kastanienbaum kam, obwohl er jetzt aus unserer Landschaft gar nicht mehr wegzudenken ist, erst sehr spät nach Mitteleuropa. Wahrscheinlich wurde er im späten 16. oder 17. Jahrhundert durch türkische Heere aus Konstantinopel mitgebracht. Sie führten die Samen der Kastanienbäume als Heilmittel und Futter für ihre Pferde mit sich.

Eine der ältesten Rosskastanien Deutschlands steht im Schlosspark bei Obersulm. Sie ist 28 Meter hoch und hat einen Stammumfang von fast sieben Metern. Ihr Alter wird auf über 350 bis 600 Jahre geschätzt.

Die Rosskastanie bildet im Herbst stachelige Kapselfrüchte aus, die meist ein oder zwei Kastanien enthalten.

Man sagt den Kastanien nach, dass sie Wärme abgeben und die Raumtemperatur spürbar erhöhen, sobald sie zusammen an einem Ort lagern. Auf jeden Fall kann man Kastanien wunderbar als

„Heizkissen" verwenden. So haben unsere Großmütter oder Urgroßmütter zuweilen ausgediente Kopfkissenbezüge mit Kastanien befüllt und sie für einige Zeit an den Ofen gelegt. Die Kastanien speicherten die Wärme und Großmutter legte sie den Kindern an die Füße, wenn die ins kalte Bett im ungeheizten Schlafzimmer gingen.

Während die Früchte der Rosskastanie dem Menschen nur von außen Wärme spenden können, liefern die essbaren Früchte der Edelkastanie, die Maronen, auch von innen Wärme. Sicherlich haben sich viele von uns schon einmal auf einem Herbstmarkt geröstete Maronen geholt, die so richtig schön von innen wärmen. Natürlich kann man sie auch zu Hause im Backofen zubereiten und allerlei andere leckere Gerichte damit kochen.

Hildegard von Bingen (1098–1179), die berühmte Kirchenlehrerin, Äbtissin und Heilkundige, schrieb bereits im 12. Jahrhundert über die Früchte der Edelkastanie:

„Die guten Kräfte und die gute Wärme der Edelkastanie beruhigt die Rheumastürme und das beschwerte Gemüt."

* * *

Im Herbst und Winter tut es uns gut, uns zu wärmen – sei es durch heiße Maronen, mit einem Kastanien-Heizkissen, am Kamin oder im schön geheizten Wohnzimmer. Mich erinnert das daran, dass wir auch im übertragenen Sinn „Wärme" nötig haben. In einer Welt, in der die emotionale Kälte immer mehr zunimmt, möchte Gott die Quelle unserer Wärme sein.

Psychologische Studien liefern Hinweise darauf, dass Egoismus und Narzissmus in unserer Gesellschaft auf dem Vormarsch sind, während die Fähigkeit zu Mitgefühl abnimmt. Eine wachsende Anzahl an Menschen schraubt ihre Ansprüche immer höher und neigt dazu, für sich selbst das Beste aus allem „herauszuschlagen" und andere auszunutzen.

Das ist schlimm. Und natürlich muss sich jeder von uns an die eigene Nase fassen und fragen: Wie sieht es mit meiner „emotionalen Kompetenz" aus? Kann ich anderen, nicht nur meiner Familie oder den engsten Freunden, Mitgefühl und Wärme entgegenbringen? Oder lässt mich das Schicksal anderer kalt?

Ich denke, dass wir alle in gewisser Weise von dieser Tendenz, der Zunahme der Gefühlskälte, betroffen sind. Sie ist bereits ein Teil unserer Kultur geworden.

Spiegel (und oft auch Motor) unserer selbstverliebten Gesellschaft sind sicher auch Film und Fernsehen sowie die Werbung, die uns überall begegnet. Slogans wie „Geiz ist geil“, „Ich will so bleiben wie ich bin“, „Weil Sie es sich wert sind“, „Man gönnt sich ja sonst nichts!“, „Spar dich reich“, „Geht nicht, gibt's nicht“ tragen dazu bei, dass wir glauben, die ganze Welt müsse sich nur um uns und unsere Bedürfnisse drehen.

Die gute Nachricht ist: Mitgefühl und emotionale Wärme können wir uns bis zu einem gewissem Grad auch wieder antrainieren. Das erfordert zunächst eine bloße Willensentscheidung und die Gefühle kommen dann irgendwann nach. Damit das Aufbringen von Mitgefühl aber nicht ein ständiger Kraftakt für uns bleibt, sollten wir Gott bitten, uns durch seinen Geist neu zu „entzünden“, unser Innerstes zu erwärmen für die Nöte anderer um uns herum.

Als Nachfolger von Jesus haben wir in einer Welt, in der es immer mehr Gefühlskälte gibt, eine große Verantwortung: Wir sollen uns nicht nur aneinander, in unseren Kirchen und Gemeindegruppen, Hauskreisen und christlichen Freundeskreisen „wärmen“, sondern die Wärme auch in unser Umfeld, in unsere Stadt, in unsere Gesellschaft hinein abgeben. Manchmal kommt es ja vor, dass Leute, die Gott noch nicht kennen, zum ersten Mal in unsere Gemeinde kommen und sagen: „Das, was ihr hier habt, ist einzigartig. Ihr geht so liebevoll miteinander um. Hier kann man sich richtig wohlfühlen.“ In diesen Momenten lächeln wir vielleicht und zucken doch innerlich zusammen, weil wir natürlich wissen, dass unter Christen auch nicht alles Gold ist, was glänzt. Auch in unseren Gemeinden gibt es Selbstzentriertheit, Neid und Gefühlskälte. Und dennoch: Gott hat schon unsere Herzen erwärmt. Etwas ist anders geworden. Und das strahlen wir aus, in aller Unvollkommenheit, die selbstverständlich auch da ist.

Bitten wir Gott, unsere Herzen immer mehr zu erwärmen, uns sein Mitgefühl und seine Liebe für unsere Mitmenschen zu schenken. Es wäre doch schön, wenn möglichst viele unserer Bekannten und Freunde sich an die Quelle aller Wärme, zu Gott und seinem Sohn Jesus, einladen ließen.

„So ergeht es der Seele, die in den Glutofen der Liebe Gottes eintritt: Sie wird die Funken, die sie im Feuer empfing, weiterverbreiten."

Katharina von Siena, 1347–1380

„Gottes Verheißungen sind wie heimisches Kaminfeuer, an dem man Hände und Herzen wärmen kann."

Corrie ten Boom, 1892–1983

Die Waldameise – große Lasten tragen

„Lasst euch von mir in den Dienst nehmen,
und lernt von mir! (…)
Mir zu dienen ist keine Bürde für euch,
meine Last ist leicht."
Matthäus 11,29-30

Bei uns gibt es 13 Waldameisenarten, die Hügel bauen, davon sind die rote Waldameise und die kleine rote Waldameise sicher die bekanntesten. Vor einiger Zeit haben mein Mann und ich bei einem Spaziergang an einem sonnigen Waldrand im Schwarzwald einen Ameisenhügel entdeckt. Beeindruckend! Wir haben es beim Anschauen und

Fotografieren belassen, denn den Hügel anfassen oder gar im Nest herumstochern, das sollte man nicht, um den Waldameisen keinen Schaden zuzufügen. Überdies stehen Waldameisen schon seit 200 Jahren unter Naturschutz, denn sie spielen im Ökosystem Wald eine unentbehrliche Rolle.

Ein Ameisenhügel kann zwischen 200.000 und zwei Millionen Ameisen beherbergen. In seinem Inneren befinden sich viele kleine „Stockwerke", „Flure" und „Zimmer" – Galerien, Gänge und Kammern –, in denen das Ameisenvolk seine Vorräte lagert und seinen Nachwuchs aufzieht.

Leider sind die Waldameisen in Deutschland, obwohl sie unter besonderem Schutz stehen, immer noch gefährdet. Grund dafür sind natürlich die Ausbreitung der Zivilisation, der Einsatz von Giften zur Bekämpfung von Forstschädlingen und – unfassbar, aber wahr – die mutwillige Zerstörung der Nester durch Menschen.

Wenn wir eine Million Waldameisen wiegen könnten, würden wir feststellen, dass all diese kleinen Tierchen zusammengenommen nur sieben Kilo auf die Waage bringen. Und dennoch können diese Leichtgewichte ein 40- bis 50-faches ihres eigenen Körpergewichts tragen! Das kommt ihnen natürlich bei der Nahrungsbeschaffung, aber auch beim Nestbau zugute. Die bis zu einer Million Arbeiterinnen, die in einem großen Nest leben, schleppen eifrig Pflanzenmaterial wie Fichtennadeln oder Zweige heran, um das „Eigenheim“ bzw. das „Mehrgenerationenhaus“ zu bauen. Das Hügelnest kann bis zu zwei Meter hoch werden und einen Durchmesser von fünf Meter erreichen. Das ist eine erstaunliche Leistung für die winzigen Tiere, die nur sechs Millimeter lang sind und zehn Milligramm wiegen.

* * *

Das Bild der winzigen Ameise, die große Lasten tragen kann – Lasten, die ihr niemand zutrauen würde –, fasziniert mich. Gott hat dieses zarte, zerbrechliche Geschöpf so ausgestattet, dass es ihm mühelos möglich ist.

In unserer heutigen Welt müssen wir viele Lasten tragen. Im reichen Westen haben die Menschen sicher andere Lasten als in den ärmeren Ländern dieser Erde, dennoch hat „jeder sein Päckchen zu tragen“, wie der Volksmund sagt. Die Belastungen, denen wir am Arbeitsplatz, im Studium, in der Familie, auf den Autobahnen, in der Hektik der Großstädte, durch unsere ständige Erreichbarkeit, durch den Informationsüberfluss und vieles mehr ausgesetzt sind, nehmen eher zu als ab. Viele von uns können gar nicht anders, als große Lasten zu schultern. Und das sind nicht immer nur unsere „ureigensten" Lasten (an denen wir ja auch schon genug zu tragen hätten), sondern natürlich auch die der Menschen in unserem Leben:

Die Kinder haben Probleme in der Schule. Die Mutter ist pflegebedürftig geworden. Der Partner hat seinen Arbeitsplatz verloren. Die Ehe der besten Freundin ist in die Brüche gegangen. Ein Freund ist unheilbar erkrankt. Wir tragen die Lasten der Menschen, die uns etwas bedeuten, mit. Und manche von uns versuchen auch noch, die Lasten derer mitzutragen, die sie ohne das „globale Denken" und das „vernetzte Handeln" nie kennengelernt hätten. Freundinnen von mir arbeiten in verschiedenen Ländern Afrikas in der Gesundheitsvorsorge. Andere haben Kinder-Patenschaften über World Vision oder Compassion Deutschland. Bekannte von mir engagieren sich im Rahmen der Micha-Initiative Deutschland gegen Kinder-Sklaverei und dafür, dass Kakaobauern an der Elfenbeinküste, in Nigeria und Ghana fair bezahlt werden.

Gott gibt uns die Kraft, große Lasten zu tragen. Er ermächtigt uns, nicht nur unser „eigenes Päckchen zu tragen“, sondern auch noch die Lasten anderer mit zu schultern, die unsere Hilfe brauchen.

Allerdings ruft uns Gott nicht dazu auf, die Lasten der ganzen Welt zu tragen. Dafür ist Jesus, der Messias, gekommen. Wir müssen und können nicht der Retter der Welt sein. Das ist allein Jesus. Deswegen halte ich es für wichtig, dass wir Gott von Zeit zu Zeit fragen: Welche Lasten muss ich / soll ich schultern? Welche Lasten sind nicht für mich gedacht? Wo trage ich „falsche Lasten“ – aus Pflichtgefühl, weil mich andere dazu gezwungen haben, weil ich sonst ein schlechtes Gewissen hätte, weil ich mir den Himmel verdienen möchte oder weil ich die Sünden meiner Vergangenheit wettmachen will ...

Jesus sagt uns:

„Lasst euch von ***mir*** *in den Dienst nehmen,*
und lernt von ***mir****!“*

Matthäus 11,29

Ich will mir nicht von Menschen Lasten auflegen lassen, die ich in Gottes Augen gar nicht tragen muss oder sogar darf.

Ich möchte nicht nur helfen und tragen, weil andere es von mir erwarten.

Gott, Jesus Christus, der Heilige Geist sollen mir zeigen, welche Lasten „meine“ sind, welche ich schultern soll und mit Gottes Hilfe auch tragen kann, ohne dabei zugrunde zu gehen.

Denn Jesus sagt:

„Mir zu dienen ist keine Bürde für euch,
meine Last ist leicht.“

Matthäus 11,30

Die Hagebutte – ein kleines Wunder an Heilsamkeit

„Denn es ist erschienen die heilsame Gnade Gottes allen Menschen."

Titus 2,11

„Halte dich an das Vorbild der heilsamen Worte, die du von mir gehört hast, im Glauben und in der Liebe in Christus Jesus. Dieses kostbare Gut, das dir anvertraut ist, bewahre durch den Heiligen Geist, der in uns wohnt."

2.Timotheus 1,13-14

Als Kind dachte ich immer, wenn ich das folgende Lied hörte oder gesungen habe, dass es im Wald tatsächlich kleine rote Männchen gibt, die dort leben. Wahrscheinlich habe ich immer nur die erste oder zweite Strophe gesungen, sonst wäre ich ja eines Besseren belehrt worden:

Ein Männlein steht im Walde ganz still und stumm,
es hat von lauter Purpur ein Mäntlein um.
Sagt, wer mag das Männlein sein,
das da steht im Wald allein
mit dem purpurroten Mäntelein.

Das Männlein steht im Walde auf einem Bein
und hat auf seinem Haupte schwarz Käpplein klein,
sagt, wer mag das Männlein sein,
das da steht im Wald allein
mit dem kleinen schwarzen Käppelein?

Das Männlein dort auf einem Bein
mit seinem roten Mäntelein
und seinem schwarzen Käppelein
kann nur die Hagebutte sein.

August Heinrich Hoffmann von Fallersleben, 1843

Hagebuttensträucher sind über ganz Europa und Asien verbreitet und auch bei uns wild an Waldrändern und in Gebüschen zu Hause. Im Frühling können wir uns an den zarten weißen oder rosa Blüten freuen, die die „Wildrose“ oder „Heckenrose“ trägt. Aus diesen Blüten gehen dann im Spätsommer die leuchtend roten Hagebutten hervor. Die Hagebutten bleiben meist den ganzen Winter über an den Sträuchern und dienen über zwanzig heimischen Vogelarten als natürlicher, gesunder „Wintersnack“. Wenn ich trotzdem noch einige finden kann, verwende ich sie auch gern als Dekoration für den Adventskranz.

Die Hagebutte ist ein heilsames, sehr vielseitiges kleines Früchtchen. Manche von uns denken jetzt vielleicht an den Hagebuttentee, mit dem sie in ihrer Kindheit und Jugend in Freizeitheimen „gequält“ wurden. Aber vielleicht ist es auch nur mir so gegangen. Hagebuttentee war noch nie nach meinem Geschmack. Aus der Hagebutte lassen sich jedoch noch viel bessere Dinge machen: Leckere Hagebuttenmarmelade (oder „Hiffenmark“, wie es in Franken heißt), Suppe, Hagebuttenwein, Hagebuttenlikör und anderes mehr. Hagebutte kann nicht nur lecker zubereitet werden, sondern hat auch eine heilende Wirkung: Gerade rechtzeitig zum kühlen Herbst, der die Gefahr von Erkältungskrankheiten mit sich bringt, liefert uns die Hagebutte in reichen Mengen Vitamin C, sogar fünfmal mehr als Zitrusfrüchte. Aber sie enthält auch andere wichtige Inhaltsstoffe wie die Vitamine A und B.

Die Hagebutte ist ein kleines Wunderwerk von Gott, das sich stärkend auf unser Immunsystem auswirkt und heilsam auf das Bronchialsystem. Durch neuere Studien wurde sogar festgestellt, dass Hagebuttenpulver bei schmerzenden Gelenken helfen und die Beschwerden deutlich lindern kann. Das kleine „Männlein aus dem Walde" hat es also in sich!

* * *

So wie die Hagebutte dürfen auch wir ein kleines Wunder an Heilsamkeit sein. Das ist Gottes Wunsch und Wille für uns. Wir dürfen in einer kranken Welt echte „Vitaminbomben" sein, damit sie wieder gesunden kann. Gott möchte alle Menschen zu sich ziehen und ihnen seine heilsame Gnade schenken. Fern von Gott erkranken wir. Doch in seiner Nähe können wir heil werden. Viele von uns haben das schon erlebt, diese heilsame Nähe Gottes, an unserem Körper, unserer Seele und unserem Geist. Und wir wünschen uns, dass auch andere Menschen dieselbe Erfahrung machen können.

Gott hat uns kostbare Güter anvertraut – vor allem sein Wort, das heilende Kräfte besitzt. Das habe ich schon manches Mal erlebt, wenn ich z. B. jemandem einen Bibelvers bei einem gemeinsamen Gebet zugesagt habe oder mir jemand eine Verheißung Gottes auf eine Karte schrieb: Gottes Wort stärkt unser „geistliches Immunsystem“. Es lässt uns gesunden, wenn wir angegriffen sind.

Gott schenkt uns außer seinem Wort auch natürliche Fähigkeiten und übernatürliche, durch seinen Geist gewirkte Gaben, die dazu gedacht sind, andere aufzurichten.

Manchmal dürfen wir zum Beispiel erleben, dass Menschen am Herzen, an der Seele und ganz konkret auch am Körper gesund werden, wenn wir für sie beten.

Und warum auch nicht?

Das ist ja Teil des Auftrages und der Autorität, die uns Jesus Christus gegeben hat:

„Auf Kranke werden sie die Hände legen, so wird's besser mit ihnen werden." (Markus 16,18b)

Wenn jemand nach einem Gottesdienst auf mich zukommt und mich fragt, ob ich für das eine oder andere körperliche Leiden bei ihm beten könnte, dann habe ich, zugegeben, meist nicht sehr viel Glaube, dass wirklich etwas passiert. Dennoch bete ich dafür, denn Jesus hat es uns so befohlen und versprochen, dass er sich zu unserem Gebet stellt. Es ist also nicht mein (meist nicht allzu großer) Glaube, der etwas bewirken müsste, sondern es ist Gottes Verantwortung, diesen Menschen zu heilen oder nicht. Und tatsächlich: Ich habe schon des Öfteren die Erfahrung machen dürfen, dass Gott unsere Gebete um körperliche Heilung erhört und Menschen von ihren Krankheiten und Schmerzen befreit. Nicht immer natürlich. Leider. Aber dennoch ruft uns Gott dazu auf, „ohne Unterlass" zu beten, nicht nur für die Heilung von Herz oder Seele, sondern auch um ganz konkrete körperliche Heilung.

Gott heilt auf vielerlei Weise: durch seinen Medizinschrank, die Natur mit ihren wundervollen

Inhaltsstoffen wie die der Hagebutte; durch die Hände und den Rat der Ärzte; und nicht zuletzt durch das Gebet der „Heiligen“ – nämlich aller, die in den Fußstapfen Jesu gehen.

> *„Die Ärzte wenden für jede Krankheit das ihr entsprechende Medikament an, das Gebet der Heiligen ist das allgemeine Heilmittel für alle Leiden.“*
>
> Theodoret von Cyrus, 466 n. Chr.

Der Fichtensteinpilz – ein Netzwerk bilden

„Denn wie der Leib ‚einer' ist und doch viele Glieder hat, alle Glieder des Leibes aber, obwohl sie viele sind, doch ‚ein' Leib sind: so auch Christus. Und wenn ‚ein' Glied leidet, so leiden alle Glieder mit, und wenn ‚ein' Glied geehrt wird, so freuen sich alle Glieder mit. Ihr aber seid der Leib Christi und jeder von euch ein Glied."

1. Korinther 12,12+26-27

Der Steinpilz ist bei Pilzliebhabern wegen seines intensiven Geschmacks sehr begehrt. Das war schon zu Zeiten der alten Römer so und hat sich bis heute nicht geändert. Für Pilzsammler ist er im Herbst eine beliebte „Beute". Er ist in Europa von südlichen Breiten bis zu den nördlichen Regionen hinauf häufig anzutreffen, besonders verbreitet ist er in Deutschland.

Der Fichtensteinpilz wächst vornehmlich in Wäldern und ist auch bis in Höhenlagen zu finden. Er bevorzugt ältere Wälder und geht dort mit Laub- und Nadelbäumen, vor allem Fichten, eine Symbiose ein.

Mit seinem Geflecht umspinnt der Pilz die feinen Wurzelenden des Baumes, vergrößert dadurch die Wurzeloberfläche und hilft ihm, Wasser und Nährstoffe aus dem Erdreich besser aufzunehmen. Der Pilz ermöglicht es dem Baum somit, wirksamer Fotosynthese zu betreiben, und fördert sein Wachstum. Im Gegenzug erhält der Pilz vom Baum wertvolle Produkte aus seiner Fotosynthese wie Kohlehydrate oder Zucker. Das gesteigerte Wachstum des Baumes kommt somit wiederum dem Pilz zugute. So profitieren beide Partner, die in dieser engen Gemeinschaft, der Symbiose, leben.

Der im Vergleich zum Baum sehr kleine Fichtensteinpilz ist in der Lage, noch andere Partner in diese Gemeinschaft aufzunehmen und ein ganzes Netzwerk aufzubauen. So kann er verschiedene

Fichten oder auch Bäume anderer Arten miteinander verbinden, die untereinander Nährstoffe austauschen.

Die in diesem Netzwerk miteinander verbundenen Partner reagieren auf Veränderungen, die sich bei einem der Glieder des Netzwerkes ergeben – sowohl im Positiven als auch im Negativen. Erkrankt eines der Glieder, gefährdet das auch die Gesundheit der anderen. Gedeiht einer der Partner prächtig, profitieren auch die anderen davon. Die Symbiosepartner können sich aber auch untereinander helfen: So sind z. B. manche Pilze in der Lage, Wurzelkrankheiten eines Baumes im Netzwerk zu heilen, indem sie Substanzen produzieren, die die Schädlinge vertreiben oder abtöten.

* * *

Welche spannenden und interessanten Parallelen zum geistlichen Leben Gott uns doch in seinen Schöpfungswerken vor Augen gestellt hat! Ein kleiner Steinpilz macht es uns vor: Es ist für uns überlebenswichtig, Netzwerke zu bilden. Innerhalb der Familie, innerhalb unseres Freundeskreises, innerhalb der Gemeinde und auch außerhalb der Gemeinde. Für unser geistliches Leben, unseren Weg mit Gott, ist es wichtig, dass wir „Netzwerker" innerhalb des Leibes Christi werden. Ich bin sehr dankbar für meine Schwestern und Brüder in der Gemeinde. Damit meine ich meine Gemeinde vor Ort, der ich mich zugehörig fühle, aber auch den weltweiten Leib Christi.

Doch bleiben wir zunächst bei der Gemeinde vor Ort: Die Dinge, die ich nicht in die Gemeindearbeit und das Wachstum des Reiches Gottes einbringen kann, bringen dafür andere meiner Geschwister ein. Sie haben Fähigkeiten und Gaben, die ich nicht oder zumindest nicht in demselben Maße habe, und bringen somit „Nährstoffe" in das Netzwerk unserer Gemeinde ein, die ich nicht „liefern" kann. Umgekehrt hat Gott auch mir bestimmte Gaben und Fähigkeiten geschenkt, die ich zum Wohl der Gemeinde und zum Wohl des Reiches Gottes einsetzen kann. Diese „speise" ich in den Kreislauf des „Nahrungsaustausches" unseres Netzwerkes, des Leibes Christi, ein. Das Leben in der Gemeinde und das Leben in unserer Welt, in die Gott uns berufen hat, ist ein ständiges Geben und Nehmen. Wenn nun eines der Glieder, angefangen bei meinen Geschwistern in der Gemeinde, krank wird oder anderswie leidet, dann leidet das gesamte Netzwerk. Ein Beispiel dafür wäre, wenn ein enttäuschtes Gemeindemitglied sich von der Gemeinde und vielleicht sogar von Gott abwendet. Dann bringt das Gemeindeglied seine Talente und Gaben nicht mehr ein, folglich fehlen uns diese. Vielleicht speist dieser enttäuschte, frustrierte Mensch auch seinen Ärger, seinen Zorn und seine Bitterkeit in das Netzwerk unserer Gemeinde ein. Das betrifft uns dann alle. Das tut uns allen weh. Und natürlich, nicht zuletzt: Dieser Mensch fehlt uns als Person! Das Netzwerk ist geschwächt. Wir trauern. Wir ärgern uns. Wir vermissen ihn oder sie.

Umgekehrt natürlich, wenn es einem oder mehreren Gemeindegliedern so richtig gut geht, dann speisen sie ihre Freude, Energie und ihre Gaben in großer Fülle in das Netzwerk der Gemeinde ein. Davon profitieren wir alle. Es tut uns gut. Es ermutigt uns in unserem eigenen geistlichen Wachstum, es spornt uns an. Ihr Vorbild hält uns gesund oder macht uns gesund. Das ist ein anderer spannender Aspekt, den wir von dem „Netzwerker" Steinpilz lernen können: Unsere Gaben hat Gott uns geschenkt, damit wir in der Lage sind, mit seiner Hilfe kränkere Mitglieder im Netzwerk zu „heilen". Oder wir können zumindest helfen, dass es ihnen besser geht. Wenn einer zum Beispiel krank ist vor Trauer, weil eine wichtige Beziehung in die Brüche gegangen ist, dann können wir da sein, zuhören, trösten, unsere Hilfe anbieten, für ihn oder sie beten. Wir können das Gemeindeglied durchtragen, bis es wieder stabiler geworden ist.

Werfen wir noch einen Blick auf das weltweite Netzwerk des Leibes Jesu: Auch wenn es uns oft nicht bewusst ist – wir sind in Christus, dem größten aller „Netzwerker", auch mit Schwestern und Brüdern verbunden, die weit entfernt leben. Mit Geschwistern, die aus anderen Gemeindeformen kommen, die anders beten und singen und Gottesdienst feiern. Mir ist das sehr bewusst geworden, als ich mit meinem Mann für einige Jahre im Nahen Osten lebte und unterwegs war: Ich habe plötzlich entdeckt, dass ich ja auch Geschwister unter arabischen Christen habe, unter Juden, die an den Messias Jesus glauben, unter koptischen (ägyptischen) Christen, unter Christen im Sudan, unter armenischen und äthiopischen Gläubigen. Auch wenn die Gottesdienstformen in den orientalischen und orthodoxen Kirchen sich sehr von meinen evangelischen Gottesdienstformen unterschieden, wenn ich die Lieder nicht mitsingen konnte und die Gebete und Predigten nicht verstand – ich wusste: Christus ist da. Es ist derselbe Jesus, den meine Geschwister anbeten, derselbe Gott, derselbe Heilige Geist.

Gott hat das größte aller Netzwerke geschaffen: den weltweiten Leib Christi. Und wenn unsere Geschwister im Iran, in Syrien, in islamischen und anderen Ländern leiden und verfolgt werden, dann geht mich das etwas an, dann geht uns das etwas an. Auch wenn ich es jetzt noch nicht unmittelbar merke – alle Christen, die im Sudan, in Nigeria, im Iran, in Syrien, in Ägypten und anderswo verfolgt und nicht selten auch getötet werden – sie fehlen dem weltweiten Leib Christi! Deswegen ist es gut, dass wir uns dafür einsetzen – durch Petitionen, durch persönliche Besuche, durch Gemeinde-Patenschaften, durch Gebetsunterstützung und finanzielle Unterstützung, durch Gewährung von Asyl und auf viele andere Weisen –, das Leid unserer Geschwister anderswo auf der Welt zu lindern. Denn sie fehlen nicht nur dem Leib Christi, uns, ihren Geschwistern – sie fehlen auch beim Bau des Reiches Gottes in den Ländern, in denen sie leben. Sie fehlen dabei, die Botschaft von der Liebe und Größe Gottes, von der erlösenden Kraft Jesu in ihre Heimatländer hineinzutragen. Sie fehlen Gott. Gott vermisst sie furchtbar. Und der Leib Christi wird in seiner Funktion behindert, eines Armes oder eines Beines beraubt.

Deshalb: Lasst uns Netzwerker sein, nicht nur in unserer Heimatgemeinde, sondern auch innerhalb der Gemeinden unseres Dorfes oder unserer Stadt, innerhalb Deutschlands, und verbunden sein mit Geschwistern an anderen Orten dieser Welt.

Ein erster Schritt dazu ist es vielleicht, dass wir mit anderen Gemeinden vor Ort gemeinsame Aktionen zum Wohl unserer Stadt durchführen, uns in der örtlichen Evangelischen Allianz oder dem Arbeitskreis christlicher Kirchen einbringen. Darüber hinaus können wir auch Kontakte mit Gemeinden in anderen Ländern anstreben oder uns zumindest informieren, wie es Christen anderswo auf der Welt geht. Das wird uns zum Beispiel durch die Arbeit von „Open Doors“ ermöglicht, eines überkonfessionellen christlichen Hilfswerks, das sich für Christen einsetzt, die wegen ihres Glaubens benachteiligt oder verfolgt werden.

„Eine christliche Gemeinde bildet ebenso gut ein Ganzes wie eine Familie, deren Mitglieder sich in besonderer Weise lieben, mithin sich auch in aller Hinsicht helfen und fördern sollen."
Adolph Kolping, 1813–1865

Schwarzer Holunder – verjüngende Wirkung

„Die gepflanzt sind im Hause des Herrn, werden in den Vorhöfen unsres Gottes grünen. Und wenn sie auch alt werden, werden sie dennoch blühen, fruchtbar und frisch sein, dass sie verkündigen, wie der Herr es recht macht."

Psalm 92,14-16a

Unter dem Titel „Des Knaben Wunderhorn" veröffentlichten Achim von Arnim (1781–1831) und Clemens Brentano (1778–1842) erstmals 1805 „Alte Deutsche Lieder", darunter auch das folgende Kinderlied, zu dem im Reigen getanzt und sich dann blitzschnell hingesetzt wurde:

Ringel, Ringel, Reihe!
Sind der Kinder dreie,
sitzen auf dem Holderbusch,
schreien alle musch, musch, musch.
(sitzt nieder)

Wir kennen es vielleicht noch in der etwas neueren Version:

Ringel, Ringel, Reihe,
sind der Kinder dreie,
sitzen unterm Holderbusch,
machen alle husch, husch, husch.

Der Holunderbusch, Holderbusch oder Hollerbusch ist also ein Strauch, der schon lange bei uns heimisch und der uns sehr vertraut ist. Er wächst in der Nähe unserer Häuser, in unseren Gärten, an Wegen und Straßenböschungen. Als Kinder haben wir vielleicht noch das Ringelreihe-Lied kennengelernt. Oder unsere Eltern haben uns gezeigt, wie man aus den Zweigen, die innen hohl sind und ein leicht entfernbares weiches Mark enthalten, eine Flöte basteln kann.

Im Frühjahr und Frühsommer blüht der Holunder in großen, weiß-gelblichen Dolden, mit denen man wunderbar Sirup oder Pfannkuchen zubereiten kann. Wenn im Spätsommer dann die schwarzen Beeren heranreifen, freuen sich die Vögel daran oder auch wir Menschen. Aus den schwarzen Beeren lässt sich nämlich gesunder Holundersaft oder Holundermarmelade machen. In früheren Zeiten färbten Frauen mit dem Saft ihre Haare oder Leinenstoffe. Der „Hollerbusch" ist also recht vielseitig – wieder so ein kleines Wunder, das Gott direkt vor unserer Haustüre wachsen lässt.

Schon der berühmte Arzt Hippokrates (460–377 v. Chr.) betonte die Vorzüge des Holunders und nannte ihn einen Medizinschrank. In medizinischen Schriften des Mittelalters werden seine zahlreichen Anwendungsgebiete immer wieder dargestellt und besprochen.

Auch heute noch wird Holundertee oder Holundersaft als Mittel gegen Erkältungskrankheiten und zur Stärkung des Immunsystems angewandt.

Holunder ist reich an Vitamin C und Antioxidantien. Diese schützen die Körperzellen vor freien Radikalen, die unsere Zellen angreifen, ihnen schaden und die Alterungsprozesse des

Körpers beschleunigen können. Somit trägt der Holunder dazu bei, unseren Körper zu stärken, fit zu halten und den Alterungsprozess zu verlangsamen. Die im Holunder enthaltenen Polyphenole (Gerbstoffe) helfen, unsere Zellen und das Gewebe vor vorzeitiger Alterung zu schützen.

* * *

Neulich las ich den Vers „*Die gepflanzt sind im Hause des Herrn, werden in den Vorhöfen unsres Gottes grünen. Und wenn sie auch alt werden, werden sie dennoch blühen, fruchtbar und frisch sein, dass sie verkündigen, wie der Herr es recht macht*“ im Rahmen einer Gebetsveranstaltung in unserer Gemeinde vor. Ein Freund, der einige Jahre älter ist als ich, sagte am Ende der Veranstaltung zu mir: „Danke, dass du diesen Vers vorhin vorgelesen hast. Ich fühle mich manchmal schon so alt. Aber jetzt weiß ich wieder, dass ich mit Gott doch noch etwas bewirken kann.“ Wie wahr! Für Gott sind wir nie zu alt. Er möchte mit uns in jedem Alter zusammenarbeiten und uns zum Segen für andere machen. Es ist wichtig, dass wir uns das in unserer vom „Jugendwahn“ geprägten Zeit immer wieder vor Augen führen: Erstens ist das Alter nichts Schlimmes. Im Gegenteil. In vielen Kulturen, auch in der orientalischen Kultur, vor deren Hintergrund die Bibel entstanden ist, wurden ältere Menschen geehrt, weil man ihre größere Lebenserfahrung und Weisheit schätzte. Das ändert sich leider zunehmend. Und da kommt das „Zweitens" ins Spiel: Auch wenn wir in den Augen jüngerer Leute vielleicht nicht mehr am Puls und im Trend der Zeit liegen und manche uns schon auf der Ersatzbank oder auf dem Abstellgleis sehen – Gott schätzt und liebt uns mit jedem grauen oder weißen Haar und jeder Falte, die wir im Gesicht tragen. Und es kommt noch besser: Viel mehr noch als alle Holundertees oder Antioxidantien der Welt zusammengenommen kann und möchte unser Schöpfer uns „verjüngen" – innerlich und damit auch äußerlich.

Haben Sie schon mal einen älteren Menschen getroffen, der Freude, Energie und Dynamik ausstrahlte? Er wirkte plötzlich gar nicht mehr so „alt", wie sein Geburtsjahr es vielleicht vermuten ließ. Oder haben Sie auch schon mal einen jüngeren Menschen getroffen, der weit über seine Jahre hinaus gealtert schien? Der trotz seiner

Jugend etwas Schweres und dauerhaft Müdes an sich hatte?

Vor einigen Jahren traf ich ein älteres christliches Ehepaar, dessen Kinder schon lange erwachsen waren und die es sich eigentlich in ihrem schönen Heim so richtig hätten gemütlich machen können. Wir begegneten uns im Nahen Osten, wo sie Medikamente für bedürftige Menschen austeilten. Sie erzählten mir, dass sie danach nur für einen Monat nach Hause fahren und dann wieder in eines der Länder Afrikas aufbrechen würden, wo sie schon seit Längerem immer wieder einige Monate in einem Heim für Aidskranke verbrächten. Dort pflegten sie Todkranke, die von ihren Verwandten aus Angst vor Ansteckung verlassen worden seien. Dieses Ehepaar hat mich sehr beeindruckt. Gott hat ihnen und ihrem Dienst einen „zweiten (oder dritten, oder vierten?) Frühling" geschenkt. Sie sind in einer Lebensphase noch einmal komplett neu aufgebrochen, in der sich andere auf ihr Altenteil zurückziehen würden. Gott hat sie „verjüngt", ihnen eine geistliche und körperliche „Frischzellenkur" verpasst, ihnen Freude und Energie und Hingabe für einen ganz neuen Dienst in einer ganz neuen Lebensphase gegeben. Wenn Gott uns verjüngt, dann bedeutet das natürlich nicht zwangsläufig, dass wir ins Ausland gehen oder einen so herausfordernden Dienst tun müssen. Die „Frischzellenkur" fällt für jeden von uns anders aus, weil Gott uns ja mit unseren Fähigkeiten und Begrenzungen, unseren Stärken und Schwächen kennt. Wir dürfen aber ganz ermutigt und gespannt sein, was Gott in jeder unserer Lebensphasen, auch im Älterwerden und im Alter, mit uns tun will. Gott sind alle Dinge möglich. Und es gibt viele Orte in dieser Welt, an denen Gott uns gebrauchen möchte und kann – bis ins hohe Alter hinein.

„Nicht die Länge der Zeit, nicht das Alter, nicht Schwäche der Natur bricht ihren Starkmut, und sie fühlen in sich eine kraftvolle Liebe zum Kampfe."

Theodoret von Cyrus, 466 n. Chr.

„Wo Gott dich hingesät hat, da sollst du blühen."

Afrikanisches Sprichwort

Das Damwild – Vertrauensvolle Annäherung

„Fraget nach dem Herrn und nach seiner Macht, suchet sein Angesicht allezeit!“

1. Chronik 16,11

„Wer zum Herrn aufschaut, der strahlt vor Freude, und sein Vertrauen wird nie enttäuscht.“

Psalm 34,6

Das Damwild war in Mitteleuropa schon vor langer Zeit beheimatet, wanderte jedoch im Zuge der letzten Eiszeit nach Südosteuropa und Vorderasien ab. Mittlerweile ist es in Deutschland wieder verbreitet, hauptsächlich in Mecklenburg-Vorpommern, Brandenburg, Thüringen, Niedersachsen und Schleswig-Holstein.

Damwild lebt gern in großen Rudeln zusammen und gehört eigentlich zu den Fluchttieren, die beim ersten Anzeichen von (vermeintlicher) Gefahr das Weite suchen. Doch Damwild kann unter bestimmten Bedingungen lernen, dem Menschen zu vertrauen und seine Angst zu einem großen Teil abzulegen. Es kann dem Menschen gegenüber sogar sehr zutraulich werden, weshalb es oft in Gehegen und Tierparks gehalten wird. Schon öfter waren mein Mann und ich mit befreundeten Familien und unseren Patenkindern im wunderschönen Wildpark am Edersee, wo sich das Damwild gern auch von den Kleinsten füttern lässt.

Einmal konnte ich sogar einen Damhirsch streicheln. Es wurde mir dann allerdings ein wenig unheimlich, als er beschloss, sein Geweih an meinem Rücken zu scheuern, um die juckenden Bastreste loszuwerden. So viel Zutrauen muss dann doch nicht sein, dachte ich mir.

Man sagt den Damtieren nach, dass sie „gut äugen", also einen ausgeprägten Gesichtssinn haben. Von den heimischen Schalenwildarten, zu denen unter anderem das Rehwild, Rotwild oder Schwarzwild zählen, haben sie das beste Sehvermögen. Sie können einen Menschen auch dann aus einiger Entfernung erkennen, wenn er sich nicht bewegt, weil sie sich überwiegend optisch orientieren.

* * *

Dass das Damwild dem Menschen gegenüber recht vertrauensvoll werden und offenbar auch gut Menschen und ihre Gesichter erkennen kann, ist für mich zu einem Bild unserer Beziehung mit Gott geworden.

Die Bibel ermutigt uns durchgängig dazu, vom

Alten bis zum Neuen Testament, Gott zu vertrauen, ihm nahezukommen, sein „Angesicht zu suchen". Gottes Geschichte mit uns Menschen ist eine Geschichte voller Zutrauen und Furcht, Sich-Annähern und Flüchten.

So wie das Damwild, das eigentlich zu den Fluchttieren gehört, lernen kann, dem Menschen zu vertrauen, können auch wir lernen, vor Gott nicht immer wieder zu flüchten, sondern uns ihm vertrauensvoll anzunähern. Er hat unser Vertrauen verdient. Er wird uns nicht enttäuschen. Er hat nichts Böses mit uns im Sinn. Im Gegenteil. In Jesus Christus zeigt Gott uns ein Gesicht, das wir gut „wahrnehmen" und erkennen können.

Dieses Gesicht Gottes sollen wir täglich neu „suchen", zu ihm aufschauen, uns ihm nähern im Gebet, durch das Lesen seines Wortes, im Gottesdienst. Je mehr wir das einüben, desto vertrauensvoller werden wir, weil wir im Angesicht Gottes erkennen, was er uns gegenüber empfindet: Liebe, Wohlwollen, Stolz, Freude, Mitgefühl, Erbarmen.

„Herr, zeige uns Dein Angesicht, damit wir Gutes erhalten im Frieden, auf dass wir beschützt seien durch Deine starke Hand."

Clemens von Rom, 100 n. Chr.

Die Christrose – neues Leben in Dunkelheit und Kälte

„In ihm war das Leben, und das Leben war das Licht der Menschen. Und das Licht scheint in der Finsternis, und die Finsternis hat's nicht ergriffen."
Johannes 1,4-5

Christrosen kommen bei uns leider nur noch selten in ihrer Wildform vor. Ursprünglich waren sie in den Alpen, im italienischen Apennin und auch im nördlichen Balkan verbreitet. Die Christrose, auch Schneerose genannt, findet sich noch in Bayern in Höhenlagen über 1500 Metern. Sie gilt als gefährdet und steht daher bei uns unter Naturschutz.

Während diese Pflanze in den warmen Monaten recht unscheinbar aussieht, blüht sie zur kalten Jahreszeit, häufig um Weihnachten, zu ihrer größten Schönheit auf. Dann, wenn der Großteil der Blumen seinen Winterschlaf einlegt, weil es kalt und dunkel ist, strahlt die Christrose als „Weihnachtsrose“ mit ihren weißen Blüten und goldenen Staubgefäßen.

Um die Christrosen ranken sich Traditionen und Geschichten. Eine Legende erzählt vom Ursprung der Christrose:

Als die Hirten, ermutigt von den Engeln, in der Christnacht das neugeborene Kind in Bethlehem besuchen wollten, nahm jeder ein Geschenk mit sich. Der eine einen Krug Milch, der andere Schafwolle, ein weiterer Butter und Honig, noch ein anderer ein weiches Lammfell. Aber ein Hirtenjunge hatte nichts, gar nichts, was er schenken konnte. Er suchte auf den winterlichen Feldern nach einer Blume, die er dem kleinen Jesus mitbringen könnte. Doch er fand nichts. Da fing er traurig an zu weinen. Doch dort, wo seine Tränen auf den kalten Boden fielen, begannen plötzlich Blumen zu wachsen. Weiß und zart, mit fünf Blütenblättern und einem Kranz goldener Staubgefäße, strahlend schön wie eine kleine Krone. Ein passendes Geschenk für den König der Welt. Überglücklich pflückte der Hirtenjunge die Blumen, nahm sie mit sich und brachte sie dem Kind in der Krippe, das ihm ein süßes Lächeln schenkte. Seit dieser Zeit, so sagt die Legende, blüht die Blume jedes Jahr um die Zeit der Geburt Christi.

* * *

Wenn alles kalt und dunkel wird, wenn viele Pflanzen sich unter die Erde zurückziehen und die Schönheit der Natur Trostlosigkeit und Dürre weicht, dann erwacht die Christrose zum Leben. Sie erinnert uns daran, dass es Hoffnung gibt: Der Kreislauf des Lebens geht weiter, auf den Winter folgt der Frühling, auf den Tod neues Leben. Sie ist wie ein Botschafter des Lichts mitten in den dunklen und grauen Tagen des Winters.

Die kleine, standhafte Christrose ist ein ausdrucksstarkes Symbol christlicher Hoffnung: Gott hat mitten in die Kälte und Dunkelheit der Welt seinen Sohn Jesus gesandt, klein und unscheinbar zunächst, ein machtloses Kind in der Krippe. Doch er ist aufgeblüht und wurde zu einem

Botschafter des Lichts in dunkler Zeit. Gott selbst strahlte in Christus auf, sodass die Menschen, die ihn sahen und mit ihm in Berührung kamen, neue Hoffnung fassten und ermutigt wurden. Jesus blieb standhaft, selbst als die Dunkelheit zunahm, und noch in der Finsternis über seinem Kreuz. Gott hat Jesus zum König der Könige gekrönt. Das Licht und die Hoffnung, die von ihm ausgehen, kann keine Finsternis verschlucken – nicht unsere persönliche Dunkelheit und nicht die Finsternis der Welt. Wenn sich um uns herum alles zu bewölken scheint, alles grau und trostlos wirkt, wenn die Hoffnung in uns erstirbt, dann ist Christus da. Er kommt hinein in unser Herz, unsere Seele, unseren Verstand, unseren Körper. Er schenkt uns neues Leben. Wir brauchen ihn nur zu bitten, uns zu helfen. Wir brauchen ihn nur in unser Leben einzuladen. Er freut sich, dass er in uns aufstrahlen und unser Leben neu zum Blühen bringen darf.

Das ist es, diese Chance, diese Möglichkeit, die wir jedes Jahr an Weihnachten feiern. Deshalb freue ich mich immer sehr darauf. Das Fest erinnert mich daran: Egal, wie groß meine Dunkelheit auch sein mag, Gott ist immer noch größer.

Es gibt Hoffnung für mich, Hoffnung für andere, Hoffnung für unsere Welt.

Im nächtgen Hain, von Schneelicht überbreitet,
Wo fromm das Reh an dir vorüberweidet,
Bei der Kapelle, am kristallnen Teich,
Dort sucht ich deiner Heimat Zauberreich.

aus: Auf eine Christblume, Eduard Mörike, 1841

Die Walderdbeere – sich freuen mit allen Sinnen

„Du zeigst mir den Weg, der zum Leben führt. Du beschenkst mich mit Freude, denn du bist bei mir. Ich kann mein Glück nicht fassen, nie hört es auf."
Psalm 16,11

„Dies ist der Tag, den der Herr macht; lasst uns freuen und fröhlich an ihm sein."
Psalm 118,24

Die Walderdbeere ist kleiner und aromatischer als die Erdbeeren, die wir im Garten anbauen, auf dem Balkon züchten oder im Handel kaufen können.

Wilde Walderdbeeren wachsen in lichtdurchfluteten Laub- oder Nadelwäldern, aber auch in großen alten Gärten. In Frankreich fand ich einmal Walderdbeeren auf einem riesigen alten Soldatenfriedhof – was für eine Überraschung und was für ein Gegensatz! Am Ort der Trauer und des Todes wuchsen hier und da die kleinen roten Beeren, Zeichen der Freude und Schönheit.

Walderdbeeren werden schon seit vielen Jahrtausenden von Menschen in der Natur gesammelt und wurden im Mittelalter vermehrt in Gärten kultiviert. Heute erlebt die wilde Walderdbeere eine „Renaissance" in Konfitüren und Likören, die durch ihren intensiven Geschmack veredelt werden.

Die Walderdbeere gilt im Christentum seit langer Zeit wegen ihres niedrigen, bodennahen Wuchses als ein Symbol für Demut und Bescheidenheit und mit ihren dreiteiligen Blättern soll sie an die Dreieinigkeit erinnern. In mittelalterlichen Gemälden werden Maria und der kleine Jesus öfter von Erdbeeren umgeben dargestellt, so wie auf einem bekannten Bild von 1425, „Madonna in den Erdbeeren". Erdbeeren gelten in der Bildsprache des Mittelalters auch als Speise der Seligen.

Heute verbinden wir mit Erdbeeren „Freude

mit allen Sinnen“ – Erdbeeren sehen schön aus, sie fühlen sich gut an, sie schmecken köstlich. In unserer modernen Gesellschaft sind sie zum Symbol für Lebenslust und die Schönheit des Frühsommers geworden. Viele von uns verbinden mit Erdbeeren auch gute Erinnerungen an die Kindheit – manchmal durchsetzt mit einem leichten Grauen, wenn man die Erdbeeren im Garten der Eltern pflückte und nicht wusste, unter welchem Erdbeerblatt sich die nächste Spinne verbarg ...

Hoffmann von Fallersleben (1798–1874) beschreibt in seinem Lied „Erdbeerlese“ die kindliche, pure Freude am Erdbeerpflücken:

Erdbeeren, sie lachen von fern mich schon an,
ich hab' so recht meine Freude dran.
So oft ich sie kostete, hab' ich gedacht,
Gott hat sie wohl nur für die Engel gemacht.
So duftig, so schön von Farb' und Gestalt,
die herrlichste Frucht im ganzen Wald!
O könnt' ich sie pflücken
an jedem Ort,
ich würde mich bücken
in einem fort!

Welch Entzücken! Erdbeer'n suchen
und im Schatten bei den Buchen
auf den Matten Erdbeer'n pflücken!
Wollt's uns glücken! Welch Entzücken!

August Heinrich Hoffmann von Fallersleben, 1798–1874

* * *

Manchmal vergessen wir als Christen, dass wir uns an Gott und am Leben freuen dürfen. Ja, nicht nur dürfen, sondern sogar sollen.

Paulus betont es in seinem Brief an die Gemeinde in Philippi ausdrücklich:

„Freut euch Tag für Tag, dass ihr zum Herrn gehört. Und noch einmal will ich es sagen: Freut euch!"

Philipper 4,4

Wie schön wäre es, wenn wir mit derselben (Vor-) Freude, mit der wir eine Erdbeere anschauen und sie dann genießen, auch Gott täglich in unserem Leben willkommen heißen und ihn, seine Gegenwart und seine Liebe „genießen".

An vielen, vielen Stellen werden wir in der Bibel

dazu aufgefordert, der Freude über Gott und darüber, dass wir mit ihm und für ihn am Leben sein dürfen, Ausdruck zu geben. Das Leben mit Gott, das Leben mit Christus ist keine „bierernste" Angelegenheit. Miriam tanzte vor Freude beim Auszug des Volkes Israel aus Ägypten und stiftete andere an, es ihr gleichzutun. David tanzte ausgelassen vor der Bundeslade her, als mit ihr gleichsam die Gegenwart Gottes in Jerusalem einzog.

Von der ersten Gemeinde wird im Neuen Testament berichtet:

„In großer Freude und mit aufrichtigem Herzen trafen sie sich zu gemeinsamen Mahlzeiten."
Apostelgeschichte 2,46

Freude an Gott und an dem Leben, das er uns geschenkt hat, ist ein immer wiederkehrendes Thema in der Bibel. Leider haben wir als Nachfolger Jesu im Lauf der Zeit, so scheint es mir, viel mehr den Gehorsam, den Dienst und das Opfer betont. Wichtige Dinge im Leben eines Christen, keine Frage. Aber wenn die Freude an Gott nicht allem zugrunde liegt, was wir vor Gott sind und für ihn tun wollen, wird unser Leben mit der Zeit freudlos, kraftlos und schal. Der Glaube und die Werke des Glaubens werden zur bloßen Pflichterfüllung. Angst und Schuldgefühle nehmen den Platz ein, den eigentlich die Freude in unserem Herzen haben darf und soll.

Viele Jahre lang habe ich selbst auch gedacht, dass es beim Leben in der Nachfolge Jesu mehr darum geht, „durchzuhalten“, für Gott zu arbeiten, seine Pflicht als gläubiger Mensch gegenüber Gott zu erfüllen. Der Aspekt der Freude und der innigen Liebe in der Beziehung zu Gott war mir eher fremd. Das geht sicher vielen von uns so. Wir leben entfremdet von Gott, entfremdet von seiner Schöpfung, entfremdet von uns selbst, gefangen in Misstrauen, Schuld und Scham. Wir suchen Freude und Erfüllung an vielen Orten, nur nicht an der Quelle, bei Gott, dem Schöpfer aller Freude.

Im Laufe der Zeit hat Gott mir diese ungeahnte Dimension in der Gemeinschaft mit ihm eröffnet: Er möchte mir Freude schenken und ich *darf* mich an ihm und am Leben freuen. Er genießt die Gemeinschaft mit mir, mit jedem von uns, und freut sich, wenn wir auch ihn „mit allen Sinnen genießen“ wollen. Aus der Freude an und der Liebe zu Gott erwächst alles, was das Leben als

Gottes Kind ausmacht: der Wille, Gott mit dem eigenen Leben Freude zu bereiten, andere Menschen zu segnen, die Schöpfung wertzuschätzen und vieles mehr.

Die Freude an Gott, das ist im Tiefsten unsere Bestimmung. So beantwortet der Westminster Katechismus (1647) die Frage „Was ist das höchste Ziel des Menschen?“ mit folgender Einsicht:

„Das höchste Ziel des Menschen ist es, Gott zu verherrlichen und sich für immer an ihm zu erfreuen.“

Westminster Katechismus

Der Wildapfelbaum – fruchtbar leben

„Und an dem Strom werden an seinem Ufer auf beiden Seiten allerlei fruchtbare Bäume wachsen; und ihre Blätter werden nicht verwelken und mit ihren Früchten hat es kein Ende. Sie werden alle Monate neue Früchte bringen; denn ihr Wasser fließt aus dem Heiligtum. Ihre Früchte werden zur Speise dienen und ihre Blätter zur Arznei.“

Hesekiel 47,12

„Diese aber sind's, bei denen auf gutes Land gesät ist: die hören das Wort und nehmen's an und bringen Frucht, einige dreißigfach und einige sechzigfach und einige hundertfach.“

Markus 4,20

Der Europäische Wildapfel oder Holzapfel zählt zu den einheimischen Baumarten, die vom Aussterben bedroht sind. Er ist sehr lichtbedürftig und wächst deshalb meist nur an Waldrändern oder auf Gehölzinseln außerhalb des Waldes. Im Osterzgebirge kommt der Holzapfel noch in größerer Zahl vor und hat dort viele Freunde gefunden, die sich um den Erhalt dieser uralten Baumart bemühen. Alteingesessenen gilt das Osterzgebirge seit Langem als „Huldsäbblgebirsche" (Holzapfelgebirge).

Der Wildapfelbaum wird bis zu zehn Meter hoch und kann bis zu 100 Jahre alt werden. Er hat eine runde Krone und einen gekrümmten Stamm. Sein Holz ist wegen der rötlich-braunen Farbe bei Kunsttischlern und Drechslern beliebt, für die Industrie aber uninteressant. Die Blüte des Baumes beginnt Ende Mai, Anfang Juni – relativ spät also. Dabei bildet nicht die gesamte Krone rosa-weiße Blüten aus, denn viele Zweige blühen nur alle zwei Jahre. Die Äste sind, anders als beim Kulturapfel, mit Dornen versehen, und die Früchte sind wesentlich kleiner. Sie werden nur so groß wie ein Tischtennisball und bleiben gelblich-grün. Die der Sonne zugewandte Seite bekommt ein rotes Bäckchen. Die Äpfel schmecken herb und sauer, sind deshalb für Menschen roh nur schwer zu genießen, aber bei Wildtieren und Vögeln beliebt. Die Blüten sind eine hervorragende Bienenweide und die Äste bieten Fledermäusen oder Vögeln Zuschlupf.

Im Altertum wurden die Äpfel durchaus von Menschen gesammelt und verarbeitet. In der Nähe von Pfahlbauten am Bodensee, die aus der Zeit um 2000 v. Chr. stammen, fand man gedörrte Holzäpfel. Griechen und Römer verarbeiteten den Wildapfel zu Apfelwein. Hildegard von Bingen war von der Heilkraft des Apfels überzeugt, dessen getrocknete Schalen auch als Tee gegen Erkältung und Fieber Verwendung fanden. Der Saft der Blätter wurde in Umschlägen bei Gliederschmerzen benutzt.

Heute erfährt der Holzapfel, der natürlich im Schatten der wohlschmeckenden Sortenvielfalt unserer Kulturäpfel steht, wieder vermehrt Aufmerksamkeit. Im Erzgebirge werden schmackhafte Gelees, Tees und Apfelbrände aus den wilden Verwandten unseres Kulturapfels hergestellt.

* * *

So wie der wilde Apfelbaum mit seinen Blüten Bienen nährt, mit seinen Früchten Wildtiere und Menschen erfreut, in seinen Blättern heilsame Säfte produziert und die Apfelschalen zu gesundem Tee verarbeitet werden können – so fruchtbar, auf vielerlei Weise, will Gott unser Leben machen. Dabei gibt es, wie beim wilden Apfelbaum, auch Zeiten, wo Teilbereiche unseres Lebens „blühen", andere „Lebenszweige" aber brachliegen. Und mit einem Mal, wenn wir schon nicht mehr daran geglaubt haben, erwacht ein solcher brachliegender Bereich zur vollen Blüte:

Die Ausbildung ist abgeschlossen und plötzlich können wir den Kopf aus den Lehrbüchern heben und voll durchstarten. Die Kinder sind aus dem Haus und mit einem Mal haben wir ganz andere Kapazitäten. Die Rente ist da, doch wir brechen im „Ruhestand" noch einmal zu ganz neuen Ufern und Taten auf.

Der Wildapfelbaum ist für mich auch ein Symbol dafür, dass unsere Gesellschaft unter Schönheit, Fruchtbarkeit und Erfolg oft etwas anderes versteht, als es im Reich Gottes der Fall ist. Der Holzapfel wurde durch den größeren, schöneren, wohlschmeckenderen, perfekteren, ertragreicheren Kulturapfel abgelöst. So gilt in unserer Gesellschaft oft nur der als „fruchtbar“ und wertvoll, der etwas im Leben erreicht hat – der vielleicht eine große Familie besitzt, Karriere macht, ein schönes Auto fährt, ein schmuckes Eigenheim baut, die meisten sozialen Kontakte hat, die intelligentesten Kinder, den schönsten Partner, die beste Ausbildung, die angesagtesten Kleider, immer dem neuesten Trend einen Schritt voraus ist ... Das ist vielleicht ein wenig übertrieben, aber so in etwa wird in unserer westlichen Kultur ein erfolgreiches, ertragreiches Leben gesehen. Gott hat da etwas andere Maßstäbe. Er hat nichts gegen Erfolg, schöne Häuser und schnelle Autos. Nein. Gott ist großzügig. Aber er möchte, dass wir unsere Prioritäten richtig setzen.

„Sorgt euch vor allem um Gottes neue Welt,
und lebt nach Gottes Willen! Dann wird er euch
mit allem anderen versorgen.“

Matthäus 6,33

Ein fruchtbares Leben in Gottes Augen ist ein Leben, das sich verschenkt, ein Leben, das sich hingibt. Ein Leben, das Gott und seinem Willen den Vorrang vor dem eigenen Willen und eigenen Wünschen einräumt.

Der Prophet Jesaja schreibt:

„Es wird ein Reis hervorgehen aus dem Stamm Isais und ein Zweig aus seiner Wurzel Frucht bringen."

Jesaja 11,1

Jesus ist dieser Zweig, der Frucht gebracht hat. Und auch wir dürfen ein Leben führen, wie Jesus es gelebt hat. Natürlich werden wir in viel geringerem Maße Frucht bringen als der Sohn Gottes, das ist klar. Aber Frucht bringen, das sollen wir. Und das werden wir, sofern wir bei Jesus bleiben, uns an Gott halten und den Heiligen Geist sein Werk in uns tun lassen.

Vielleicht können wir einmal eine ganz persönliche Bestandsaufnahme vornehmen: Welche Bereiche in meinem Leben hat Gott zum Blühen gebracht? Wo liegt gerade etwas brach? Wo möchte ich (neu, mehr oder anders) Frucht bringen für Gott?

Und dann treten wir darüber mit Gott ins Gespräch ein und bitten:

Ach hilf, Herr, daß wir werden gleich
dem guten, fruchtbar'n Lande,
und sein an guten Werken reich
in unser'm Amt und Stande,
viel Früchte bringen in Geduld,
bewahren deine Lehr' und Huld
in feinem, guten Herzen.

David Denicke, 1603–1680

Die Fledermaus – Flugkünstler sein

„Flöge ich hinauf in den Himmel, so bist du da; stiege ich hinab ins Totenreich, so bist du auch da. Nähme ich die Flügel der Morgenröte oder wohnte am äußersten Meer, würde deine Hand mich auch dort führen und dein starker Arm mich halten."

Psalm 139,8-10

„Die, die auf den Herrn warten, gewinnen neue Kraft. Sie schwingen sich nach oben wie die Adler. Sie laufen schnell, ohne zu ermüden. Sie werden gehen und werden nicht matt."

Jesaja 40,31

Fledermäuse sind neben Flughunden die einzigen Säugetiere, die aktiv fliegen können (und nicht nur, wie z. B. das Flughörnchen, von Baumkrone zu Baumkrone gleiten). Das spiegelt sich auch in ihrem Namen wider, den man mit „Flattermaus" übersetzen könnte, denn das mittelhochdeutsche „fledern" meint „flattern".

Fledermäuse sind auf der Erde bereits viele Millionen Jahre beheimatet und fühlen sich da am wohlsten, wo es warm ist. So kommt es auch, dass die Artenvielfalt der Fledermäuse abnimmt, je mehr man in nördliche Breiten kommt.

In Deutschland gibt es 23 Arten von Fledermäusen, die entweder zu den Wald- oder Hausfledermäusen gehören. Die kleinen „Kobolde der Nacht" haben fantasievolle Namen wie: Große Hufeisennase, Großes Mausohr, Braunes Langohr, Kleiner Abendsegler, Mopsfledermaus, Fransenfledermaus, Nympfenfledermaus, Zwergfledermaus.

Viele Fledermäuse bevorzugen Dachstühle, Scheunen, Burgen oder Keller als Quartier. Ihnen geht es jedoch zunehmend schlechter, weil im Zuge von Sanierungsarbeiten an unseren Hausfassaden Hohlräume und Öffnungen verschlossen werden, die den Fledermäusen als Unterschlupf dienen könnten. Akut vom Aussterben bedroht ist z. B. die Große Hufeisennase, die nur noch an einem einzigen Ort in der Oberpfalz lebt.

Fledermäuse sind wahre Flugkünstler – kein Vogel kann mit ihren waghalsigen und geschickten Flugmanövern mithalten, die sie selbst noch zwischen den Zweigen und Blättern von Bäumen und Büschen zustande bringen. Davon kann sich jeder überzeugen, der in der Dämmerung den Abendhimmel beobachtet und die kleinen Kobolde in der Luft ihre akrobatischen „Flugschauen" ausführen sieht. Aus nächster Nähe konnten mein Mann und ich uns selbst einmal davon überzeugen, als sich eines Abends eine Fledermaus durch das gekippte Fenster in unsere Wohnung verirrte. Als ich ins Zimmer kam und den Winzling sah, der mit unglaublicher Schnelligkeit durchs Zimmer flatterte, blieb mir fast das Herz stehen. Ich schloss die Tür und rief nach meinem Mann. Der betrat heldenhaft das Zimmer, machte das Fenster ganz weit auf und das Licht aus. Innerhalb kurzer Zeit hatte die Fledermaus den Weg zurück in die Freiheit gefunden.

Später las ich, dass so etwas im Spätsommer

durchaus öfter vorkommen kann. Vor allem sind es unerfahrene Jungtiere, oft die Zwergfledermaus, die so leicht ist wie zwei Stücke Würfelzucker und ebenso ungefährlich.

Die Flügel der Fledermaus sind aus Haut und voller feiner Nervenfasern, die jede noch so kleine Luftströmung wahrnehmen. Sie sind sehr flexibel und verformbar und ermöglichen den kleinen „Flattermäusen“ unglaubliche Leistungen in jeder Flugsituation.

* * *

Seit jeher wünschen wir Menschen uns, fliegen zu können, uns frei wie ein Vogel oder eine Fledermaus in die Luft zu erheben. Bereits im 11. Jahrhundert versuchte ein benediktinischer Mönch namens Eilmer aus der Abtei von Malmesbury aus eigener Kraft zu fliegen, indem er Flügel an seine Hände und Füße band. Es gelang ihm wohl eine Art kurzer „Gleitflug“, der aber natürlich von dem, was die Vögel und Fledermäuse zustande bringen, Lichtjahre entfernt war. Auch Leonardo da Vinci (1452–1519) träumte den Traum vom Fliegen. Lange vor den ersten Flugzeugen entwarf er kreative, ausgefeilte Flugmaschinen, um den Menschen endlich in die Luft zu bringen. Dazu studierte er das Flugverhalten von Vögeln und Fledermäusen. Die „Ornithopter“ oder „Schwingenflügler“ waren mit überdimensionalen Fledermausflügeln versehen, die durch Hebel und Schnüre gesteuert werden sollten. Der Traum vom Fliegen blieb für da Vinci allerdings ein Traum, denn der Mensch kann sich nicht aufgrund eigener Muskelkraft in den Himmel erheben. Er ist nicht zum Fliegen geschaffen.

Wirklich nicht?

Im übertragenen Sinne schon. Gott verleiht uns Flügel.

„Die, die auf den Herrn warten, gewinnen neue Kraft. Sie schwingen sich nach oben wie die Adler“, heißt es im Buch des Propheten Jesaja. Das Vertrauen auf Gott, das Warten auf ihn, die Begegnung mit ihm verleiht unserem Körper, unserer Seele, unserem Herzen und unserem Verstand Flügel. Niemand und nichts kann uns so lebendig und frei machen wie die innige Gemeinschaft mit Gott. Wenn wir auf ihn schauen, dann empfangen wir von ihm, wer wir wirklich sind und wozu wir auf dieser Welt leben. Wir werden frei,

das, was uns beschwert und am „Fliegen“ hindern will, loszulassen: Die (falschen) Erwartungen anderer, unsere eigenen Erwartungen an uns selbst, Perfektionismus, Kontrollsucht, zerstörerische Leidenschaften und Begierden, die uns wie Feuer zerfressen und zu Boden ringen. Die Sehnsucht nach der Freiheit und den Flügeln, die Gott uns schenkt, und das Erleben, dass es Dinge gibt, die uns hindern wollen, diese Freiheit zu ergreifen – das ist eine Erfahrung, die Menschen zu allen Zeiten gemacht haben.

Was hilft uns? Wer hilft uns?

Johannes Chrysostomus (349–407 n. Chr.), ein großer christlicher Prediger und Erzbischof von Konstantinopel, schrieb dazu:

„Deshalb haben wir den Tau des Heiligen Geistes vonnöten, und seinen sanften Hauch, damit er das Feuer lösche und den Rauch verscheuche und unserem Geiste Flügel verleihe. Denn es ist vollkommen unmöglich, mit dem Gewichte so vieler Leidenschaften belastet, den Flug zum Himmel zu nehmen; vielmehr müssen wir wünschen, wohlvorbereitet diese Reise beginnen zu können; aber selbst dann vermögen wir sie nicht zu ma-

chen, es sei denn auf den Schwingen des Heiligen Geistes.“

Johannes Chrysostomus

Gottes Geist, der Heilige Geist, verleiht unserem Geist Flügel. Er befähigt uns, neu zu denken und zu handeln. Er ist wie ein sanfter Tau vom Himmel, der sich auf unseren ausgetrockneten und von Gott entfremdeten Geist herabsenkt.

Wenn Gott uns in der Begegnung mit ihm, durch seinen Heiligen Geist, Flügel verleiht, dann ist alles, fast alles möglich: Ich werde befähigt, außerhalb eingetretener Pfade zu denken und zu gehen. Vielleicht hatte ich schon immer einmal vor, mir eine „Sabbatzeit“ von meinem Beruf zu nehmen und zu überdenken, was Gott mit mir in diesem Leben noch so anfangen will. Vielleicht gehe ich endlich meinem Wunsch nach, meine Arbeitszeit zu reduzieren, um freier zu sein für die Menschen um mich herum oder für ehrenamtliches Engagement in meiner Gemeinde. Vielleicht bekomme ich endlich den Mut, ein Projekt umzusetzen, das Gott mir schon lange ans Herz gelegt hat. Vielleicht stößt mich Gott auch dazu an, eine schwierige Beziehung neu anzugehen, bei der ich mich immer wie im „Blindflug“ gefühlt habe ...

Für jeden von uns bedeutet das „Fliegen“ etwas anderes und kann auch im Laufe des Lebens zu immer neuen „Flugmanövern“ führen. Für mich war eines dieser „Flugmanöver“ die Entscheidung, für einige Jahre in den Nahen Osten zu ziehen, um in Jerusalem ein christliches Gästehaus zu leiten. Ich hätte diese Entscheidung, die sich als richtig und segensbringend herausgestellt hat, nie treffen können, wäre es nicht auf „den Schwingen des Heiligen Geistes“ gewesen, wie Chrysostomus schreibt.

Wohin möchten Sie „fliegen“? Wozu soll Gott Ihnen Flügel verleihen?

Sprechen Sie mit Gott darüber und erwarten Sie, dass er Ihnen antwortet.

„Er hatte eine beflügelte Seele, welche die Luft und den Äther durchdringt und über den Himmel sich erhebt und beständig in die Betrachtung Gottes sich versenkt.“

Theodoret von Cyrus über den Mönch Polychronius, 466 n. Chr.